迈向智能

卓越设备运行管理

李新久 著

企业管理出版社
ENTERPRISE MANAGEMENT PUBLISHING HOUSE

图书在版编目（CIP）数据

迈向智能：卓越设备运行管理 / 李新久著. —北京：企业管理出版社，2023.10
ISBN 978-7-5164-2695-1

Ⅰ. ①迈… Ⅱ. ①李… Ⅲ. ①设备管理 Ⅳ. ①F273.4

中国版本图书馆 CIP 数据核字（2022）第 163064 号

书　　名：	迈向智能：卓越设备运行管理
书　　号：	ISBN 978-7-5164-2695-1
作　　者：	李新久
责任编辑：	解智龙　宋可力
出版发行：	企业管理出版社
经　　销：	新华书店
地　　址：	北京市海淀区紫竹院南路 17 号　　邮　　编：100048
网　　址：	http://www.emph.cn　　电子信箱：emph001@163.com
电　　话：	编辑部（010）68701638　　发行部（010）68701816
印　　刷：	北京联兴盛业印刷股份有限公司
版　　次：	2023 年 10 月第 1 版
印　　次：	2023 年 10 月第 1 次印刷
开　　本：	880mm×1230mm　1/32
印　　张：	12.75
字　　数：	177 千字
定　　价：	68.00 元

版权所有　翻印必究　·　印装有误　负责调换

序 一

被忽视的机会点
——设备的有效产出

金光纸业集团致力于林浆纸一体化，绿色环保，为社会提供优质纸品和贴心服务。过去的30年，我们推行全球战略，践行"你用纸，我种树，让世界更美好"的理念。近年来，行业竞争加剧，我们聚焦内部管理，引进了一批本土人才，着力于改善管理。李新久是这一批本土人才中的典型代表。2017年他被集团授予"最佳CEO"光荣称号。他锐意推动管理变革、减员增效、节能减排，使每吨纸的制造成本下降100美元。他推动以设备为主体的精益生产，特别是零故障运行管理，让我们看到了一个被忽视的机会点——设备的有效产出，与其花费10亿元、20亿元投入新设备建设新产线，还不如在设备零故障运行管理上多下功夫，实现增加 20% 甚至更多的产出。他在推进基于工业 4.0 的减员增效过程中倡导练内功，以自身改善与创新为主要驱动力，以外部引进新技术、新管理为辅助动力，让我们看到了发展的新机会。

李新久是一个执行力强、踏实苦干的高级管理者，又是一个勤于思考、创新巧干的高级管理者，他的实践与探索是卓有成效的，他能将自身实践与思考写出来，让企业受益，让社会受益，我为他的行为和著作《迈向智能：卓越设备运行管理》点赞。

黄志源
金光纸业集团总裁

序 二

高质量运行的管理瓶颈

中国经济发展迈入新常态,国家通过供给侧结构性改革政策等倡导与促进高质量运行,这是国家经济和企业生存与发展的必由之路。经济高质量运行,既有宏观方面,如《中国制造 2025》,又有微观方面,如"如何落实政策帮助企业健康发展"。

在微观方面要实现经济高质量运行,不仅高新领域需要投入与发展,做好面向未来的工作;而且,需要促进现有企业存量产业的提升与发展,做好当下的工作。企业层面需要解决的问题有很多,可以列一份长长的清单,有面向"新兴人类"的人力资源管理问题,有上游能源材料等成本费用不断上涨而终端产品价格不断下降问题,有新技术重构产业与渠道的问题，等等。那么，关键的瓶颈问题是什么呢？

用企业管理大师艾利·高德拉特博士的思想环视企业，企业要迈入高质量运行的制约因素是什么？

经济界与管理界比较普遍的共识是"未来的机会在对现有产业进行改造，用互联网和大数据思维与技术改造传统产业"。很多人赞成这种说法，企业界更关切的问题是如何将它落地。

改造传统产业，具体改造什么？如何改造？

以上问题，一千个人可能有一千种答案。

《迈向智能：卓越设备运行管理》给出了李新久的答案，如表1所示。

表1　如何改造传统产业

关键制约因素	传统思维定式；对互联网和大数据等新技术如何影响经济与产业缺少深刻理解；缺少新技术与管理的"融合+整合"式开发
主要管理瓶颈	设备运行管理，一个被忽视的领域
落地基本路径	标准化（重构）→精益化（穿越）→智能化（智造）

我知道以上不是李新久的全部答案，因为他这本书仅聚

焦设备运行管理一个小的领域，但是，他关于设备运行管理所讲述的实践故事和所展开的讨论，视野开阔，措施非常接地气。在具体操作层面，本书回答了如何写好使用的标准，为什么不要考核员工的理解力，还创新了问题解决七步法、有效的小组活动和自主管理等；在方法论层面，本书介绍了过程管理模型、设备零故障运行管理模型、卓越现场管理模型、智造模型等；在思维层面，本书打破了传统的设备管理思维定式，将精益思想和互联网大数据等新技术进行了创新式整合，用过程方法进行了设备运行管理思维和方法方面的再造，让设备运行智能诊断、智能管理和零故障变成现实。难能可贵的是，本书由知名的大型企业恒安（国际）集团内训手册改编，实践效果显著。

2015 年 11 月，在中国制造高峰会上，李新久作了题为《系统管理的力量》的演讲，给《企业管理》杂志采编中心留下了深刻的印象，并给他刚刚出版的新书《系统管理的力量：做一个卓有成效的管理者》作了面市宣讲。为此，我社邀请他给《企业管理》杂志投稿。自 2016 年元月以来，他笔耕不辍，每月一文发表在"管理专栏"，其文章展示出一定的思考深度，同时他也成为《企业管理》重量级的专栏作家。李新久还是一个知行合一的实践者，当企业界还在思考与探索面对新技术、新常态如何进行高质量运行时，他已经进行了卓有成效的实践，并对面向未来挑战性的课题"智造"进行了有益探索。2020 年以来，新冠疫情使人们更多采用居家办公、视频会议和视频教学的方式，数据在线从移动支付扩展到远距离培训与办公，各类机器人和智能家居方面的智能产品触手可及，社会各界已深切感受到"智能已来"。相信本书能给企业界正在推进或准备推进"智造"的朋友带来实用价值。

王仕斌

《企业管理》杂志社副社长

自 序

不解之缘

1987年，我从湖北工业大学制浆造纸专业毕业后被分配到国营县市级小造纸厂，入职第四个月便担任抄纸车间主任。前任移交时没有任何文字资料，只移交给我一张办公桌和一个工具柜。工具柜让我大开眼界，里面有活动扳手、梅花扳手、呆口扳手、套筒扳手、内六角扳手……让我疑惑不解的是里面还有一个木榔头。原来，前任车间主任是钳工出身，他除了留下这满满一箱各种各样的工具外，还留下了车间主任兼高级钳工负责检修设备疑难杂症的车间文化。从此，我便与设备结下了30年的不解之缘。

作为一个理工科大学毕业生，尽管在金工实习时制作过小铁榔头，何曾知道车间还会用上木榔头。老师说"工科院校是工程师的摇篮",我还以为工程师就是坐在办公室里翻翻手册、画画图纸,又何曾想到还得学做一名钳工。

车间产品与工艺基本上没有太大变化,比较容易掌握,车间的设备构造与检修相对比较复杂,成了这个车间的核心技术。为此,历任车间主任都会修理设备,都会排除设备故障,否则,是很难树立威信与推动工作的。

我是学工艺出身,生产操作与工艺技术一看就会,可偏偏在设备方面外行。车间的老师傅欺负我不懂不会,总是在那儿摆谱。每每深夜出故障,我几乎哀求他到现场,还得赔着笑脸,一直赔到故障排除,恢复正常生产。记得1988年农历大年三十夜,我们检修好设备走出车间,东方已露出鱼肚白,万家迎春鞭炮轰鸣,作为一名刚刚参加工作几个月的大学生,当时还被誉为天之骄子,一想这些,我就感慨万千。

30年后的今天,又是除夕夜,这些情景依然历历在目。产量、交期、成本、质量、安全,我每天都被这些指标拖着走,只要设备一出故障,一切都泡汤。如何提高设备运行管理水平，实现零故障运行，我一直走在探索的路上。

当我是一名车间主任时，我在探寻如何突破对能人的依赖。

当我是一名总经理时，我在探寻如何打造核心竞争力，如何在同质化的局面下通过零故障形成超越对手的竞争优势。

当我是一名全球事业部的CEO时，我在探寻通过标杆学习、精益管理来打造卓越现场，发挥人的积极性、创造性和减少人对设备的影响成为我努力的两个重要方向，总体目标是无忧制造、智能制造与智能管理。

2005年11月20日，我临危受命，兼任潍坊恒安热电公司总经理。这样，我同时负责潍坊恒安热电公司和山东恒安生活用纸公司的运营管理。为了降低用电成本，我们选择了孤网运行，热电公司与外电（公共电网）脱离，由热电公司直接供电、供热给生活用纸公司。孤网运行意味着生活用纸公司与热电公司都应零故障运行，否则，会相互影响对方，特别是纸业出现故障停机，电厂锅炉负荷低于40%时，自动熄火停机，这样两厂全部断电，事情就更麻烦了。这是我职业生涯的一次重大挑战。正因如此，为实现"零故障"目标，我们不断摸索与完善了《设备零故障运行手册》。它对恒安国际集团造纸设备运行管理产生深刻影响，纸机OEE（Overall Equipment Effectiveness，设备综合效率）达到95%，成为全球标杆，连续多年每年成本节降超亿元。

2015年以来，我又将这一管理模型应用在某跨国公司某事业部，两年时间，使其设备维修维护费用下降59.6%，生产成本下降23.2%，设备OEE提升11.3%，用工减少2730人，生产运营成本下降13.2亿元，第三方测评品牌健康度大幅上升。

《设备零故障运行手册》出自恒安国际集团，将它引入一个完全不同文化的跨国公司，只是初步推行，没想到成效卓著，深受现场管理者欢迎与好评。

本书是在这本手册的基础上丰富与完善的，采用过程方法与系统管理原理编写，它是《系统管理的力量：做一个卓有成效的管理者》在设备运行管理领域的应用。

当下，"互联网+/×、工业4.0、大数据、智能制造、智能管理"等成为与设备相关联的热词，传统制造业在思考如何实现"互联网+/×"的转变，出现了一些脱旧迎"风"（风口）和以买代管的浮躁。非常多的企业家与管理者面对技术对产业的冲击与颠覆惴惴不安。我的理解是，技术与经济环境从来没有停止过变化，企业存在的理由是为顾客创造价值，在创造价值的过程中有些根本性的规律值得我们去探寻，有利于我们在传统制造业高度同质化的背景下形成竞争优势。在这些根本性的规律中最为重要的是用工匠精神对设备的呵护和持续不断的创新。很多企业面对经济环境的不确定性不知所措，将心思聚焦于产品与服务的创新。殊不知，产品与服务创新难度高、风险大，而管理的创新或管理的转型升级投入小、风险低，却往往被忽视。事实上，你重视并推动管理的转型升级与创新，可以促进产品与服务的创新。同样的道理，你重视设备运行效率的提高，可以降低显性的消耗成本。在一些企业，显性的消耗成本被重视，隐形的固定资产投入与产出效率浪费被忽视，后面这块带来的损失往往更大。我将 30 多年的亲身实践、15 年追求零故障运行的求索经验，通过《迈向智能：卓越设备运行管理》以内训教材的方式编写出来，一方面，能推动内部运营管理转型升级；另一方面，能与读者建立更为广泛的交流，促进管理工作的改善与提升，推动"大国工匠"队伍的发展。

本书分三篇，即《重构》《穿越》《智造》。这三篇内容按《系统管理的力量：做一个卓有成效的管理者》中的过程管理模型与三阶段论展开。设备运行管理的目标是零故障，将零故障作为运行管理过程的预期输出，策划设备运行管理过程为"设备基础管理→设备运行点检与维护→设备检修作业"三个具有一定顺序且相互作用、相互关联的子过程，而且这一过程管理发展按"标准化→精益化→智能化"三个循序渐进的发展阶段展开。《重构》一篇讲述了如何从无序无标转向有序有标的管理，重点是打破传统思维定式，进行思想（价值观）重构与职责重构，以及体系与标准重构。《穿越》一篇讲述的是追求零故障运行需要打造的卓越现场是什么样子，又如何实现这一目标，重点是精益打造、实现卓越。《智造》一篇讲述了如何通过大数据与智能化的手段对设备开展健康管理，提高设备在运行过程中的可靠性与确定性，减少人的失误对运行过程产生的不利影响，重点是现有技术的整合与开发如何让智造落地。

本书写作的基本逻辑：现状与问题点→理念再造与逻辑分析→方法论与管理模型→技术整合开发和智造案例。书中案例主要来自我的亲身经历，造纸行业与电力行业的案例居多，因此，具有一定的局限性。我试图让它不影响读者对本书的理念与方法论的理解与应用。

本书聚焦于设备运行管理思想与方法论，管理的核心思想是建立新时代设备运行管理价值观，方法论是过程管理模型。用过程模型来编写的好处是能将过程的三要素（输入、活动、输出）进行充分的、细节性的展开，将每一项活动的步骤与各项活动与步骤之间的关联说清楚、讲明白,方便使用。通过将标准化模型与文件模板作为系统化的工具,试图帮助读者建立体系化的设备运行管理体系。它不是聚焦某一设备运行管理的具体细节,但掌握了前面的管理思想与方法论后,可以改变与升级你对某一具体设备的运行管理水平。

本书仍然是以职业经理人的视角探寻管理,只是本书探讨的内容是生产运营管理的"牛鼻子"项目——设备运行管理,还不是设备全生命周期的管理,但我们可以从设备运行管理的角度来思考传统制造业如何实现"互联网+/×"的转变。未来的不确定性来自环境的变化,追求基业长青的企业都在探寻通过内部的改变来适应外部的变化,通过看得见的工业大数据采集、传输与应用管控看不见的设备缺陷,进而将设备运行的不确定性故障转化为确定性的零故障运行,通过不断地对技术与管理进行创新实现企业运营管理的转型升级和无忧制造。

本书于 2017 年 5 月定稿,由于竞业限制,延期交付出版，在这段时间，又增加了第十七章与读者的互动讨论。2018年4月，我从单位离职并创立格艾（苏州）管理咨询有限公司，帮助追求卓越的企业进行管理变革，其中设备运行管理是重点课题。四年来，一家具有20多年历史、年销售额不足20亿元的企业2019年生产运营成本下降超亿元，一家2020年投产的初创企业于2021年就实现了设备零故障运行，设备运行卓越管理的案例还在延伸……

李新久

格艾（苏州）管理咨询有限公司

变革管理首席顾问、系统管理专家

| 目 录 |

| 第一篇 |
重 构

第一章　是谁搞砸了　/ 003

　　丢失的订单　/ 005

　　洞眼　/ 009

　　飞轴　/ 013

　　超级牛人　/ 015

第二章　故障之源　/ 019

　　故障来自劣化　/ 020

自然劣化　/ 021

人为劣化　/ 022

设备劣化的表现形式　/ 023

故障形成的机理　/ 024

设备劣化的主要原因　/ 027

第三章　稳住基本盘　/ 031

润滑　/ 032

静态恢复与排障　/ 039

消除非预期使用　/ 041

第四章　为设备找主人　/ 045

识别业务流　/ 048

建立职责流　/ 049

重构管理流　/ 053

第五章　不要考核员工的理解力，写好用的

标准　/ 057

标准被束之高阁　/ 059

从 ISO 9000 做起　/ 072

写标准　/ 074

审标准　/ 083

用标准　/ 090

活化标准　/ 091

第六章　设备零故障运行管理模型　/ 105

过程管理模型　/ 107

打破设备管理的思维定式　/ 110

设备零故障运行管理模型简介　/ 117

第七章　重构　/ 157

重构什么　/ 158

如何重构　/ 161

| 第二篇 |

穿　越

第八章　目标的价值 / 171

　　彼得·德鲁克之惑 / 172

　　游戏为什么有吸引力 / 174

　　把不可能实现的大目标拆解成可以实现的

　　　小目标 / 175

　　在行动中产生成就感 / 178

第九章　卓越现场"五化" / 181

　　做简单的管理，做轻松的工作 / 182

　　卓越现场"五化"的具体内容 / 184

第十章　实现卓越设备管理的六个步骤 / 191

　　步骤一：使缺陷（潜在故障）

　　　显性化 / 193

步骤二：消灭人为劣化（使人为劣化转为

自然劣化）／ 194

步骤三：改善设计（从系统改善入手）／ 197

步骤四：彻底预防诊断和消除缺陷 ／ 198

步骤五：走向预知维修 ／ 200

步骤六：提高过程的可靠性 ／ 202

第十一章　设备自主管理四步法 ／ 205

第一步：实现 5S 生活化 ／ 210

第二步：总点检 ／ 218

第三步：点检效率化 ／ 220

第四步：设备自主管理 ／ 222

第十二章　改善与创新 ／ 227

为什么要创新 ／ 228

创新的入口在哪儿 ／ 229

改善激发创新 ／ 230

第十三章　小组活动　/ 241

　　小组活动为什么难以持续　/ 242

　　问题源　/ 247

　　焦点课题　/ 250

　　小组活动（SGA 与 SDA）/ 251

| 第三篇 |
智　造

第十四章　诊断智能化　/ 265

　　从人工点检到智能诊断　/ 267

　　智能管理与智能制造的深度融合　/ 276

　　人工点检与精益管理也能实现零故障

　　　运行目标　/ 286

第十五章　设备管理智能化　/ 305

　　企业智能化管理系统　/ 306

PM 模块　/ 316

第十六章　挖掘数据的价值　/ 329

　　　　　数据的定义与层别　/ 330

　　　　　数据应用的讨论　/ 334

　　　　　设备运行数据库管理　/ 338

　　　　　智能时代已来　/ 341

第十七章　零故障与无忧制造　/ 349

后记　我心飞翔　/ 363

附录 1　格艾（苏州）管理咨询有限公司简介　/ 367

附录 2　创始人简介　/ 378

参考文献　/ 380

《迈向智能：卓越设备运行管理》阅读思维导图

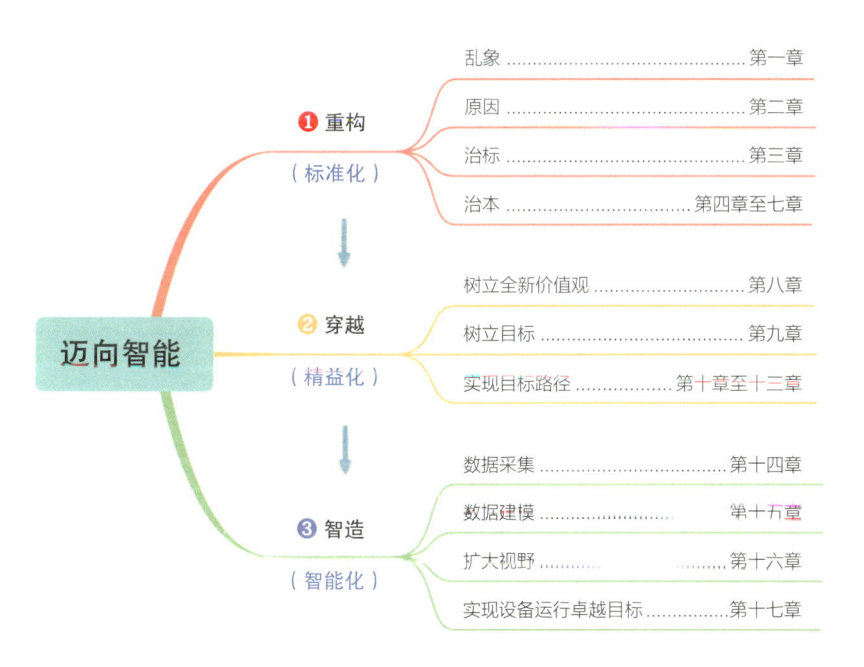

迈向智能
- ❶ 重构（标准化）
  - 乱象 ………………………………… 第一章
  - 原因 ………………………………… 第二章
  - 治标 ………………………………… 第三章
  - 治本 ………………………………… 第四章至七章
- ❷ 穿越（精益化）
  - 树立全新价值观 …………………… 第八章
  - 树立目标 …………………………… 第九章
  - 实现目标路径 ……………………… 第十章至十三章
- ❸ 智造（智能化）
  - 数据采集 …………………………… 第十四章
  - 数据建模 …………………………… 第十五章
  - 扩大视野 …………………………… 第十六章
  - 实现设备运行卓越目标 …………… 第十七章

第一篇
PART 1
重 构

经验主义或者依赖能人式的管理在一些企业还普遍存在。这种管理方式的结果是看"能人"的心情与心态，多数的情形是现场不受控，无章无序，这是典型的忧虑制造。本篇要讨论的是如何克服和解决这些困难，核心是打破传统思维定势，进行思想重构、目标重构、标准与体系重构及组织与职责重构。

第一章

是谁搞砸了

在企业里经常出现这样的情形：

> 订单多起来后，设备不争气，老出故障，延迟交货的问题剧增，客户抱怨。接下来，客户的订单开始转移，订单减少，设备闲置，人员闲置，成本大幅上升。于是新一轮的交期改善、质量与服务改善被列入首要工作，订单开始缓慢增加。随着时间的流逝，订单又多了起来，一步一步地又开始循环。生产人员说销售人员怎么搞的，一时没订单、一时订单多得忙不过来。销售人员说生产人员怎么搞的，订单量少时也做不好质量与服务，订单多时更是一团糟。老板也不知道问题出在哪里，企业多年来一直处于亏损边缘，或许是外部环境不好，生意难做。

究竟是谁将事情搞砸了呢？

我们先来看看几个案例吧。

丢失的订单

朋友们经常去必胜客，他们使用的餐巾纸厚韧、平滑，并且四边有精美的压花边纹，让人感觉到餐厅对消费者的尊重。2009 年 3 月，我们公司争取到打样的机会，正常情形的打样，只要按客户图标定制的压花辊到位，一天即可完成。可这次，生产车间花了一个星期，才将样品送交客户。客户测评通过后，皆大欢喜。订单试生产 3 个月，自 4 月 1 日至 6 月 30 日，7 月 1 日起签订正式合同，合同期为一年，数量为 5 万箱/月。我们有 4 条餐巾纸生产线，用其中两条线专门生产，可以满足客户的需求。直到这时，作为总经理的我才舒了一口气。

在试生产期间，月交货量为 1.2 万箱。我指示车间安排 4 号机专线生产。没想到，第一周就被投诉，当周计划交付量为 0.3 万箱，实交交付量为 0.13 万箱，欠货 57%。第二周交货量为 0.29 万箱，接近目标 0.3 万箱的交货量，结果又被投诉，原因是边纹尺寸偏斜5～10毫米，客户要求退货。

经过一个月试生产，客户取消订单，并提出罚没定金20万元。

销售部门说生产人员不给力，不是交不出量，就是质量出问题，这生意没法做。生产人员还抱怨客户太挑剔，边纹偏斜一点又不影响使用。

作为制造总经理的我被追责，我立刻召开设备技术部、生产部、质管部、销售部四部负责人联席会议。结果，各部门相互推脱责任，会开了两个多小时，也没研究出一个解决方案。

是夜，我躺在床上翻来覆去。设备部门负责人说："我的设备是完好的。"生产部门负责人说："我的工人都是三年以上的老手。"质量部门负责人说："偏斜的问题时不时都会出现，好像有半年之久了。"销售人员说："我们价格卖得不低，但客户对我们的产品质量有很大意见，其他小客户也有意见，只是反应没有这么强烈。"这些话语不断地在我脑海中回荡，我怎么也理不出个头绪。第二天清晨，我6点就起床了，简单收拾并吃点东西后就去了车间。到车间是早晨 7:03，夜班人员还在忙于生产。没有部门负责人陪同，我可以深入观察设备，可以和一线班组员工深入交流。我了解员工的无奈与沮丧。8 点钟，换班的人员都上岗了，管理人员和技术人员还没有到现场，我又有时间和白班班组进行深入探讨。8:16，我通过和两个班交流，判断压花辊齿轮箱应该是带"病"运行。我已有主意了，就拿起手机，给设备技术部经理打电话，请他现在到 4 号餐巾纸加工线，我在现场等他。这次我在电话中的口吻就没有昨天开会时那么柔和，而是在平静中透着不容置疑的霸道。我虽然怒火中烧，但我还是克制自己，因为我们的现场依然是一个依赖能人的现场。9 分钟后设备技术部经理气喘吁吁地跑到我身边说："李总，今天这么早就到车间了。"我没有回应他，随手从生产线上拿过一叠尺寸偏斜的产品递给他，"你看看吧，从中能找到规律吗？"说完，我转身去旁边的 3 号线，3 号线在生产另一个客户的产品。大约 5 分钟后，我又回到 4 号线，质问设备技术部经理："问题出在哪里？"他感受到我不容置疑的口吻，也少了昨天会上的自负，喃喃地说："李总，您看要怎么办？您吩咐就是。"我回应道："齿轮箱拆开进行一次全面保养需要多长时间？"他说："差不多3～4个小时。"我扔下一句话："我给你一个白班的时间，你下班前向我报告结果。"然后，我转身离开了现场。

设备技术部经理感受到了我的冷漠与生气，迅速安排人手，对齿轮箱轴承位、齿轮及传动轴进行全面拆卸。大约两个小时后，生产经理将现场拍摄的照片送到我办公室。原来，主动轴和传动轴各有一个轴承磨损，轴承滚珠的骨架都碎了。这样一来，齿轮就会跳动，运行不可能平稳，尺寸偏斜自然不能避免。更换轴承和传动轴后，边纹尺寸非常稳定，合格率几乎达到100%。

接下来的几天，设备技术部的经理一声不吭地对另外3台餐巾纸设备进行了维护性保养。这次保养不像从前吹吹灰、紧紧螺丝，而是全面拆卸、静态恢复、校正与润滑。

设备带"病"运行会造成质量问题，进而使订单丢失。

洞眼

从事纺织的人讨厌线头，从事漂染的人讨厌色差，从事造纸的人讨厌洞眼。特别是生活用纸，纸页非常薄，低克重产品单张厚度小于 90 微米，每平方米克重低的仅 13 克左右（新闻报纸的平方克重是 51 克左右）。

2011 年 3 月，我轮调到集团公司一个新的生产基地，其 2 号抄纸机是世界一流供应商美卓公司生产的设备。接手不久后，在一次生产调度会上，我们为订单的安排发愁。由于低克重产品较多，因 2 号机出现不规则的洞眼，持续一年多了没办法安排生产低克重订单，高克重订单也只能安排 3 层以上的产品，2 层产品还担心被投诉。原来，这条生产线投产 5 年了，近年来，谁也不知是从什么时候开始出现洞眼，大家寻找了很多次网毯表面、烘缸表面是否有缺陷，甚至也检查了压辊，尽管洞眼出现的情形并不符合这些设备的周长，且横向也不固定，无规律可循。无奈之下，生产经理只能安排生产 3 层高克重的产品，勉强维持生产。设备带"病"运行很久了，"病"在哪儿无人知道。

我成立了一个课题组，将问题界定在网部到烘缸部，这段生产线上包括流浆箱、聚酯网、毛毯、真空辊、真空箱和高压喷淋管、烘缸表面化学品喷涂系统、烘缸辅助设备接水盘与挡水板若干、导辊10余支。毛毯使用的周期为70～90天。我们积累了3个月的数据，跨过了一床毛毯的使用全周期，所有的数据说明：洞眼与毛毯周期没有关联，与网的使用周期也没有关联。既然没有关联，通过其他3台机横向比较，我们判断与网毯质量也没有关联。仅与克重有关联，克重越低，洞眼越容易穿透，而且越大。问题出在哪里呢？大家的思考与跟踪似乎陷入了一个死胡同。

又是一天早晨，我早早地来到了2号机前，车间生产经理也早早地来到现场。我拿一支强光手电，到烘缸与压辊结合部查看。因为我在思考，按照检测的结果，洞眼与喷水管、网、毯、流浆箱、压辊、烘缸都没有关系，而且洞眼又是来自纸页与烘面结合这一侧，那问题应该产生于压辊与烘缸结合部。再强的光也看不清结合部发生了什么，雾气非常大，我越靠近，眼睛越无法睁开。不一会儿，我浑身就湿透了。回到DCS（分散控制系统）控制室，我与该机台生产经理讨论，问他："有没有注意压辊与烘缸结合部早期的情形，前几年与近两年有什么变化？"他说："通常，只要能出纸，谁会注意这个，我还真没有什么概念。"我又起身到1号机与3号机同样的部位去查看，其情形没有明显的差异。

我将设备技术部经理喊到2号机，告诉他："我们过去通过疏通除尘风管解决了复卷卷边问题，受此启发，你今天帮我检查一下2号机除湿风管对2号机洞眼有没有帮助。"

设备技术部经理是我非常喜欢的一个小伙，他不怕吃苦，做事细致扎实。他穿上雨衣，对除湿风管、风门和风机进行全面检查。除湿风机在正常运转，除湿风管出口风量较小，平常无人关注，无法判断是否异常。停下风机，对风管与风门进行全面检查，发现压辊与烘缸结合部除湿风门闸板脱落了卡在风管之中，插销断损。他判断说："这支风管丧失了90%的排湿量。"我再联想自己满身湿透的衣服，就猜想：由于湿度大，湿气未排出，涂层挡板会积留水珠，由于风巢无规律、水珠滑落无规律，这样的水珠被风飘送到纸页上滚动，就形成无规则、无规律的洞眼。我突然恍然大悟，第二天安排停机，修复风门，并将涂层挡板向卷取部侧移15厘米。此后，洞眼彻底消失了。

我事后分析，其他纸机气流也很大，但挡板离压辊较远，而2号机是首台配置靴压的新型造纸机，安装时没有留足空间，挡板距压辊较近。当除湿系统正常工作时，挡板并不会累积水珠，当除湿系统没人关注、没人保养，逐步失效时，挡板累积水的水珠会时不时飘到纸页上，洞眼就形成了。我从事造纸几十年，还从未碰到类似问题，这让我开始重视对纸机设计的全面理解，重视纸机辅助系统。

由于产线辅助系统被忽视，除湿设备缺少必要的保养，我们吃尽了苦头，不知道是被谁搞砸了。

飞轴

2009年2月,我担任某生产基地总经理,其中1号纸机于1998年投产。纸机卷取部会用到卷纸辊,每支辊重接近两吨,卷纸轴放在储存槽上,卷取缸的速度为1200～1400米/分钟。当需要更换纸轴时,给一次臂指令,纸轴会自动从储存槽滑落到一次臂爪部。一次臂被电机驱动缓慢地将纸轴边加速边旋转至卷取缸上。缠上纸后,自动旋转至卷取轨道上,这时二次臂自动压上,一次臂自动退回初始状态,纸轴进入正常状态,换轴结束。1号机一次臂抓爪抓不紧纸轴,时不时飞出,每月发生30～40起类似事件。由于太危险了,作业人员会远离设备,避免被砸。

面对如此险情,我召集专题会议。与会人员告诉我,卷取部设备问题越来越严重,怎么也查不出原因。会后,我让总工程师请设备供应商提供帮助。两个月后,两位奥地利专家来到现场,拍了几十张照片,反馈有3处销子应该活动,结果锈死，抓不紧，抓爪严重磨损，抓抱不到位，并让我们下订单，更换一次臂与二次臂，合同签订后交货周期为 6 个月。由于准备图纸和商务谈判需要两个月，海上运输需 45 天，报关需 15 天。这样一来，我们需要 11 个月后才能安排更换一次臂与二次臂。

现场砸死人的风险太大了，我们等不了 11 个月。为此，我安排工程技术人员仔细研究图纸，寻找本地供应商加工一次臂主臂，并准备更换活动机构销子。40 天后，我们安排两天停机，对一次臂与二次臂进行全部拆卸，重新加工或做其他静态恢复。通过检查各旋转部位，我们发现三个主要问题。

一是润滑部位长期缺油。工程师与注油工没有识别出应润滑的部位与润滑点，旋转部位要么磨损，要么锈蚀。

二是干燥部有非常多的机构与电子眼、传感器是不能接触水的，但操作人员习惯用水清除纸屑与纸灰，这是旋转部位锈蚀的原因。

三是由于纸轴飞出弹在地面上造成弯曲变形，旋转时会跳动，使抓爪出现磨损，时间越久，磨损越严重，飞轴的频次就越来越高。

当我们完成静态恢复之后，改变了润滑与清扫习惯，7 年过去了，再也没有发生一次飞轴。

飞轴不仅会造成极大安全风险，而且车速被迫由 1600 米/分钟降至 1200 米/分钟，严重影响了生产效率。

设备不正确的使用与保养造成重大安全隐患。

超级牛人

我于 1987 年参加工作，从那时起，我就知道企业离不开那些超级牛人。我负责的车间有 3 台国产纸机，总共 4 个钳工，1 个师傅、3 个徒弟。徒弟只能做浆泵、水泵等简单检修，复杂问题得由师傅出面。师傅的脾气大，我作为车间主任也得呵护着他，言语与口气稍有懈怠，关键的时候他就会"掉链子"。

直到 2005 年，在我工作的第三个单位，这种情形依然存在。对能排除设备故障的师傅和工程师，我们得小心谨慎。因为我们依赖他们排除故障。

想想看，我们身边存不存在这种超级牛人？

记得我刚入职恒安国际集团后到其中的湖南公司实习时，DCS 出故障，生产线跳停。8 个小时过去了，主管工程师还未找到故障点，我陪同总经理到现场。我看到总经理对主管工程师态度极好，好像只要早点帮助排除故障，让总经理干啥都行。我在想，看来被超级牛人"欺负"的还不只是我一人。从此，我暗下决心：必须改变这种局面。

我从湖南公司实习一个月后，到集团山东公司任总经理。由于某些原因，我不得不去挑战零故障运行目标。这下可帮了我大忙，在挑战零故障运行这一过程中，学会了用过程方法去做预防管理，我学会了通过流程分解和工作模块的拆解将复杂问题简单化，我不再依赖牛人。四年后，我回到湖南公司任总经理，我就牛气地告诉曾经的牛人："有本事就别让设备出故障，能排除故障那叫什么本事！"

我将在第四章和第五章详解这一过程与方法。

牛人文化成为设备管理的障碍。

以上案例的情形在一些公司以不同的形式普遍存在。交期的问题、订单的问题、质量的问题、成本的问题、效率的问题、安全的问题，或多或少地与设备缺陷或故障联系在一起。这些缺陷与故障隐藏在表象后面，不为人们重视。一切被动与不良，一切浪费与返工，一切安全风险与环境风险，从根本上讲都或多或少与设备设计与制造、设备使用与维护相关联。谁应该对设备承担责任，设计部、采购部、工程部、技术部、生产部？到底是设计与采购存在缺陷，还是使用或维护不当？总之，是谁将事情搞砸了？这些乱象的根本原因是什么？我们带着这些思考展开探寻之旅。

第一章阅读导图

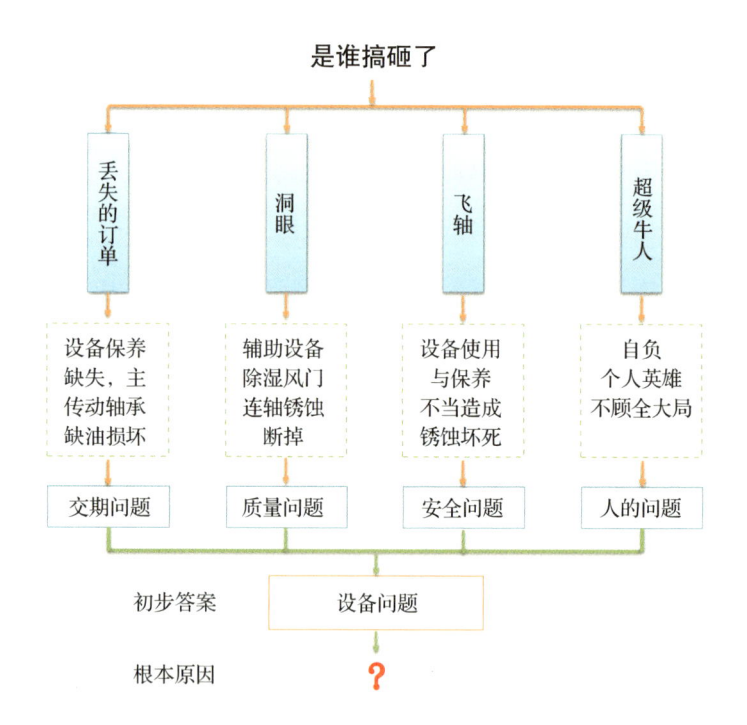

是谁搞砸了

- 丢失的订单 → 设备保养缺失，主传动轴承缺油损坏 → 交期问题
- 洞眼 → 辅助设备除湿风门连轴锈蚀断掉 → 质量问题
- 飞轴 → 设备使用与保养不当造成锈蚀坏死 → 安全问题
- 超级牛人 → 自负 个人英雄 不顾全大局 → 人的问题

初步答案：设备问题

根本原因：？

第二章

故障之源

故障来自劣化

第一章中的几个案例所呈现的乱象,概括地说,是设备运行什么时候出故障没有人知道,设备带"病"运行似乎是理所当然的,故障的责任归属不明不白,为什么会这样呢?

如果对每一个故障进行认真、细致、深入的分析,我们就会发现,故障发生之前是有征兆的,这些征兆就是缺陷与微缺陷。设备本是完好的,只是在运行过程中,因为预期和非预期的使用、保养和检修,逐步劣化,进而发展形成故障。简而言之,故障来自劣化。

随着时间的推移,设备原有的功能降低或丧失,以及设备的技术与经济性能的降低,都称之劣化。劣化可分为自然劣化与人为劣化。

设备缺陷是设备带"病"运行的一种潜在表现形式,它是故障的前期表现,通常藏在设备正常运行表象的后面,往往不被人关注,出现故障之后又没有对故障形成的原因和机理进行深入挖掘与分析，带"病"运行便成为一种常态。为此，探寻故障形成的机理是十分必要的。

自然劣化

自然劣化是设备在使用或运行过程中，由自然力造成零件磨损、疲劳或环境造成的变形、腐蚀、老化等原因，使原有性能逐渐降低，如机器生锈、金属的腐蚀、木制品的腐朽、塑制品的老化等。

设备自然劣化是一个自然规律，要想让设备不发生自然劣化是不现实的，但是，设备的设计、制造、选型、安装和运行维护，可以延缓设备劣化的速度，延长设备的寿命，提高设备的产出。

> 设备的健康管理往往被经营者忽视,当产能不足时,人们习惯增加厂房,购买设备,而不是提高设备的运行效率。

人为劣化

人为的因素也会造成设备的损坏或失效,如操作失误或违章作业,不正确的保养和野蛮检修,这些都会加快设备劣化的速度,甚至直接损坏设备,严重时造成设备报废。

人为劣化往往是企业设备劣化的主要因素,严重时会高达 80% 以上,理想的状态是没有人为劣化,只有自然劣化。自然劣化是有规律可循的,方便预测和管理,有利于给诊断和维护留足时间。人为劣化具有不确定性,不易预测,突发性强,往往给设备和生产线造成混乱,备品备件的范围和数量必须扩大,极大增加检修工作量和费用,停机损失更不可低估。大数据显示：通过正确的健康管理进行维护性预知检修的费用是1万元，故障检修的费用则高达20万元，停机损失更大。

设备劣化的表现形式

机械磨损：设备做相对运动时机构机件主要劣化的表现形式。凡是机件之间存在滑动或滚动摩擦的部位都存在这种磨损，且存在一个逐步发展的过程，这种磨损是有规律的，可测量、可分析、可预测。

腐蚀：设备机件在水、空气（空气中含盐液体、腐蚀性气体）、灰尘等的作用下发生损坏的过程，称之为金属腐蚀。金属腐蚀一般从表面逐步向内部渗透和扩展，造成金属的强度降低。

蠕变：在高温环境中，机件如果长期受到外应力作用，机件的塑性变形不断增加，这就是蠕变。蠕变会使机件承载负荷的能力下降。

裂纹：机件在动载荷的长期作用下或在非预期的外力作用下产生的一种劣化表现形式，是机件疲劳的表现。

塑性断裂和脆性断裂：机件在断裂前，可能先出现塑性变形，然后产生断裂，称之为塑性断裂。有些机件没有明显的塑性变形就产生断裂，这种断裂称之为脆性断裂。

元器件老化：电气、仪表与计算机设备由于长期带电发热会逐渐老化，如电阻发热后变值、线绕电阻断线、电解电容器漏电或干涸、绝缘失效等。这些电子元件的老化，以及绝缘的下降或丧失，往往会引起设备电性能下降，使控制精度下降，严重时造成控制失效，由此可能使被控设备损坏，并可能造成停机和重大损失。电气件还会因潮气、粉尘等引起短路、断路、烧损等，橡胶与塑料等制品会随时间的增加而发生老化。

故障形成的机理

分析故障发生的原因与机理，有利于我们有针对性地采取措施，特别是有效地采取预防措施。设备自然劣化进而发生故障是一个渐变的过程，严重的人为劣化进而发生故障具有突变和不可预测性，轻微的人为劣化会加速微缺陷、中缺陷和大缺陷的形成和发展。如图 2-1 所示，人为劣化可能形成"微缺陷、中缺陷、大缺陷"，也可能直接造成故障，自然劣化遵守循序渐进的规律。在实际工作中，更多的劣化来自错误的保养和非预期使用，人为劣化成为设备劣化的大部分原因。故障显而易见，缺陷只有经过认真、细致甚至专业性的检查（点检）才会被发现。大量的缺陷藏在故障发生前，设备故障好比浮在水面上方的冰山，大量的劣化过程是隐藏在水面下的冰山，如图 2-2 所示，是一个看不见的世界。灰尘、积水、污渍产生锈蚀，高温促进老化，湿气和灰尘造成断路或短路，锈蚀产生松动，松动产生震动，震动和老化产生裂纹或断裂，进而造成故障。灰尘、积水、污渍覆盖在设备与设施上，这样一个脏、乱、差的现场，是一个看得见的世界，但其危害不直观、不显著、不立竿见影，往往被认为是理所当然的。面对看得见的故障，人们又束手无策，只能被动和疲于应付。

```
人为劣化 ──┐
          ├──→ 微缺陷 ⇒ 中缺陷 ⇒ 大缺陷 ⇒ 故障
自然劣化 ──┘
```

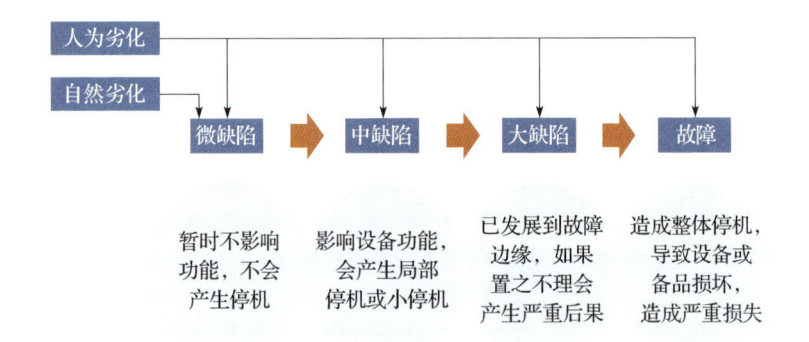

微缺陷：暂时不影响功能，不会产生停机

中缺陷：影响设备功能，会产生局部停机或小停机

大缺陷：已发展到故障边缘，如果置之不理会产生严重后果

故障：造成整体停机，导致设备或备品损坏，造成严重损失

图 2-1　故障形成的机理

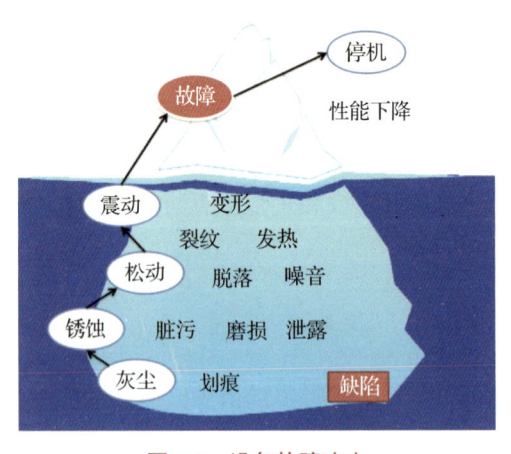

图 2-2　设备故障冰山

（水面以上）故障 → 停机；性能下降

（水面以下）震动、变形、裂纹、发热、松动、脱落、噪音、锈蚀、脏污、磨损、泄露、灰尘、划痕　缺陷

设备劣化的主要原因

设备劣化的具体原因和表现方式千差万别，其主要原因可归纳如表 2-1 所示，工况差异不影响我们对问题的理解与把握。

表 2-1　设备劣化的主要原因

类型	机理	注意要点
润滑不良	注油给脂是重复性的工作，不需要特别的技术，往往被忽视，润滑标准细节量化不足，策划不合理，缺少专业人员，工具与油品交叉使用与随意放置	一旦断油或给油不良，将加速劣化，甚至发生重大变故，80%以上电机烧毁的根源在此
灰尘沾污（异物混入，包括水）	灰尘能加速油质恶化，水会导致油品乳化变质、失效，机械装配混入灰尘、屑末等，会引起松弛和配合不佳；轴承内夹杂灰和屑末会引起轴承异常磨损；在稀油润滑站设置过滤器的目的是清除屑末与灰尘。灰尘通常会含有盐分等，不仅会造成开关、接触器、继电器等触点接触不良，还会造成设备绝缘水平下降，使插件接触不良，因而造成控制失效，严重时会酿成重大设备事故	① 灰尘从很小缝隙进入，往往被忽视，密封管理应被重视 ② 在安装、检修和施工时，应落实防尘措施

续表

类型	机理	注意要点
螺栓松动	设备在运转时伴随着震动，震动会造成螺栓松动，螺栓松动会造成应力发生变化，导致机件损坏，这既是设备劣化的重要原因，也是设备故障的主要原因之一。锈蚀也会造成螺栓松动	① 加强点检，及时紧固 ② 检修时应加强紧固与检查 ③ 必要时使用减震垫、双螺母或数码式扭力扳手
受热	生产过程中机器会发热，这往往会加速设备劣化。电气、仪表、计算机不仅应防止外界干扰，还应处理好自身散热与降温的问题	① 热源有效隔离，使其对电机等电气件的影响降到最低 ② 散热降温设计应被重视，散热降温设施的维护应被重视
潮湿	潮湿加剧腐蚀，使绝缘性能下降、散热受阻、润滑剂劣化、金属锈蚀、木制件腐烂	① 潮湿大与温度高的场所应采取必要的防潮、隔热与通气措施 ② 这些辅助设施往往被忽视和去功能化，应被纠正，从点检与维护开始重视起来
保温不良	对某些设备，寒冷的季节需要保温，如润滑油脂，温度降低时其流动性变差，如管道和仪表，温度过低会造成破裂	户外设备保温防冻，如液体管道、阀门、水泵流量与压力变送器等

续表

类型	机理	注意要点
撞击	生产线在给料或卸料过程中时常发生撞击，造成机架与机构的变形或开裂	① 减阻设计 ② 文明作业习惯
超负载	电线、电缆超负载，比较隐蔽，易被忽视，造成绝缘失效，酿成火灾；机构超负载造成疲劳，应力下降、开裂；起重机（如行车、电梯）超载	① 负载标识，超载报警 ② 杜绝违规用电
斜拉	起重机（行车）起吊应垂直，斜拉使用属于非预期使用，造成线缆脱位及超载	
敲打	设备装配或拆卸时需要用锤敲打，很多设备零件不能硬碰、硬敲打	① 用木锤、橡胶锤或隔物（垫木、垫铁）敲打 ② 配置专用工具

以上是应掌握的基本概念与基础知识。

第二章阅读导图

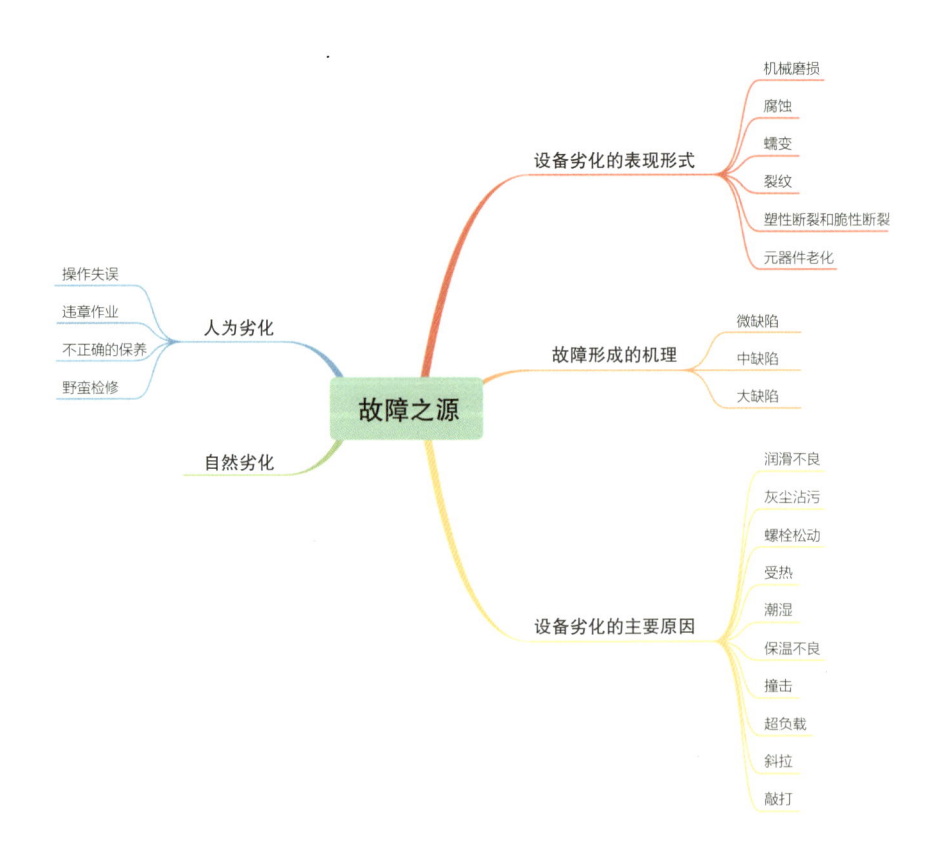

故障之源

人为劣化
- 操作失误
- 违章作业
- 不正确的保养
- 野蛮检修

自然劣化

设备劣化的表现形式
- 机械磨损
- 腐蚀
- 蠕变
- 裂纹
- 塑性断裂和脆性断裂
- 元器件老化

故障形成的机理
- 微缺陷
- 中缺陷
- 大缺陷

设备劣化的主要原因
- 润滑不良
- 灰尘沾污
- 螺栓松动
- 受热
- 潮湿
- 保温不良
- 撞击
- 超负载
- 斜拉
- 敲打

第三章

稳住基本盘

理解了故障形成的机理之后,面对混乱的现场,作为总经理,你该如何开展整顿与改善呢?

不同的管理者有不同的做法,不同的现状需要你采取不一样的对策,但你首先要做的是尽快稳住基本盘,恢复生产秩序,形成一个相对的、稳定的基本秩序。在此之后,你才有精力去做一些提升和优化。三十年的生产运营管理现场经验告诉我,首先应做好三件事:

> 润滑;
> 静态恢复与排障;
> 消除非预期使用。

润滑

润滑往往被忽视,被认为是一件简单、轻松的工作。很多企业对润滑的标准和职责分配采取简单与随意的做法，造成了不良的后果。

如果你接手一个频发故障的工厂，你不妨做两件事。

一是盘点一下一年来的故障，有多少台电机烧毁，有多少故障是因为润滑不良与超负载造成的。

二是到仓库查看实物，查看五金配件备品、备件占总资产的比例。其中，主要备件有哪些？

通过对以上两个方面的梳理，你就会发现以下几点。

一是备品、备件占固定资产的比例会高达3%～5%，标杆低于1%。如果是100亿元固定资产，意味着你比竞争对手高出2亿元～4亿元的备品库存，而且70%库存的备品在一年以上未曾领用过。这些是事实上的呆滞物资，但人们对之熟视无睹、不以为然。

二是电机与电器配件库存的占比高。几乎所有的电器类都有备品，更夸张的是同类电机可能多达3～5台库存，以备急用之需。

三是轴承、轴、轴套及机械臂、传动带库存的占比也很高。

通过以上分类会发现，二、三点所描述的库存都与驱动机构和负载有关，并且，80%～90%的电机烧毁与电机润滑或被驱动机械机构润滑不良有关，由于润滑不良导致负载过高会使电机被烧毁。

由于时不时磨损，所以需要备用轴、轴承等机构。由于时不时被烧毁，所以需要备用非常多的电机。本来可以不备的，为了减少故障检修缺配件，不得不备上。

经验告诉我，为了减少停机和故障，让设备平稳、正常运行，我只要挑选1～2名或工厂规模大时3～5名做事细致、心性平和的钳工专司注油给脂工作，就可以减少80%左右的停机故障。这样，我们就可以腾出精力去处理带"病"运行的设备缺陷及因故障停止运行的设备。

故障频生的工厂，润滑的混乱往往超出你的想象，去检查他的润滑工具与油脂，你会发现：工具脏污、油脂乱放、标识不清，甚至没有标识，还存在用同一支油枪注射不同油脂的问题。去查注油记录，你会发现：注油人员是随机的，班长今天可能安排张三，过一段时间安排王二，张三与王二也只是根据自己的感觉与经验注油给脂。高空处、窄小阴暗处、地坑处、水汽大与温度高等部位，往往因注油给脂不方便，被有意或无意遗漏。

看到这样的情形，我询问车间负责人："为什么不是专职注油给脂？"他说："我们不是学习 TPM（全员生产维护）吗，老师要求自主保养，让员工自主进行清扫、调整、润滑、紧固与防腐，我们一直都这么做，并且还制定了润滑标准，建立了润滑记录。"

你再查看他们的润滑记录，记录上尽是"√"，加什么油、什么脂、品类、规格、型号都不清楚，给油给脂并没有量化，用什么工具也没有规定，油枪每压一下多少克更没有注明。员工想起了就加油，忘了就不加。接到班长指令就加油，班长没交代就不加。反正并不是每个班都需要加油，通常 3～6 个月加一次就行，下一次不知让谁来加。就是加注也很随意，多数人都是凭感觉。

你去看他的现场，由于加油量过多，机座、机架和地面到处都是油污。设备普遍脏污，因为漏油或溢出油到处都是，灰尘特别喜欢油，脏污难以避免。一方面，一些部位因缺油造成磨损；另一方面，油量过多溢溅造成脏污，进而让人们不愿意靠近设备。

缺油或油脂过多导致电机被烧，这个问题长期得不到解决，是什么原因？表层原因是因为设备脏污无法拢身靠近，没人关注设备的运行状态，问题不能及时、有效地被识别，小缺陷酿成大故障；深层原因是人的认知与意识，认为电机烧损是理所当然的、不可避免的事。

我们看看先后制定的两张注油给脂表，一张是变革前的（见表3-1），一张是变革后的（见表3-2），两张表体现出两种管理思路和两种管理状态。表3-1中的记录非常粗放，对设备的润滑点识别缺失、给脂量没有策划、润滑频率策划不合理，体现出对润滑的重要性认识不足，对润滑的科学性缺少研究。表 3-2 中的记录对润滑"五定"进行了细节量化，其科学性体现在细节量化上，这张表的策划人肯定收集了大量的技术资料，进行了大量的试验与科学分析，否则是无法进行细节量化的。

表 3-1 TM1 纸机润滑"五定"记录（变革前）

序号	设备名称	设备编号	保养说明	油品	周期	加油日期
1	链条输送机	132-CV-2111	注油	EP2	1 周	
2	链板输送机	132-CV-2112	注油	EP2	1 周	

表 3-2 TM1 纸机润滑"五定"记录（变革后）

序号	设备名称	设备编号	润滑点	点数	润滑油品	加油量	润滑周期	1 日期	1 油量	2 日期	2 油量
1	链条输送机	132-CV-2111	从动轮轴承	2	EP2	30g	3 个月				
			主动轮轴承	2	EP2	30g	3 个月				
			减速机	1	XEP 220	油位视镜 2/3	换油 1 次/年				
			链条	1	EP2	抹油	3 个月				

续表

序号	设备名称	设备编号	润滑点	点数	润滑油品	加油量	润滑周期	1 日期	1 油量	2 日期	2 油量
2	链板输送机	132-CV-2112	从动轮轴承	2	EP2	30g	3个月				
			主动轮轴承	2	EP2	60g	3个月				
			减速机	1	XEP220	油位视镜2/3	换油1次/年				
			滚轮	1	机油	抹油	3个月				

对流程性设备，如电力、化肥、石油化工、水泥、造纸等，让员工落实自主保养，进行注油给脂，人多手杂，显然效果不好。安排专人，才有机会将细节做到位，责任更明确。对机加工而言，员工自主注油给脂是必要的，因为磨床、钻床每班都需要润滑，况且，员工具有机械专业背景，学起来更容易。

无论是专职人员注油给脂，还是作业人员兼职注油给脂，润滑"五定"的细节量化、科学化是必要的。我们制定出

表 3-2 之后，事情并没有完结，我们还需要半年左右进行一次评审。评审的依据来自以下两个方面：一方面，根据设备故障分析，检视哪些故障与润滑相关；另一方面，利用停机的机会取样或在设备运行时对润滑油站油箱的油品在线取样，进行品质分析，查看油品的劣化趋势。评审的输出是优化润滑"五定"，品类规格调整优化，注油给脂量调整优化，对注油的时间间隔即周期时间进行优化等，使其更趋科学、合理。

静态恢复与排障

在一个混乱的现场，普遍存在设备带"病"运行或去功能运行的现象，甚至一些辅助设备因为故障就直接给停在一旁。这样的现场不仅成本高，无法保障交期，质量问题与安全问题也会层出不穷。作为总经理的你，整天会提心吊胆，无法预测哪个环节哪个时候会出状况出险情，在忧虑中度日如年。

这时候，我们只有采取临时紧急措施，列出问题清单，越具体越好，成立各个专业小组，详细布置任务，规定完成时间节点，紧盯进展，给产线做静态恢复与排障，先急后缓，有配件先行，无配件延后。

所谓静态恢复，是指恢复设备的设计状态。例如，水泵轴磨损需要更换轴、轴套与轴承，让它恢复到出厂状态。

所谓排障，就是消灭设备缺陷、恢复设备与机构的功能，如气缸漏气，加压臂推送辊轴不能送达指定位置，形成二次臂故障，更换气缸垫，恢复密封功能，二次臂故障旋即排除。

静态恢复与排障需要由专业技术人员带领电钳人员进行。当工作量过于集中，人手不够时，还可以临时性局部外包。尽管对高精尖或专业性特强的极少数关键设备外包维修维保是必要的，但是长期或整体外包会增加现有设备维护人员的惰性，对企业是不利的。

静态恢复与排障这项工作，少则需要3个月，多则半年，甚至一年以上。因为设计改善方案需要反复讨论与论证，外协采购配件需要时间。大型组织需要的时间会远远超过一般小型组织，因为大型组织往往分工太细、流程太长，这些会耗用更多的时间。

消除非预期使用

大量的人为劣化与故障就是来自非预期使用。

设备的负载是有约束指标的，设备的各种运行也是有约束指标的，如 20 吨行车，起吊物的重量应低于 20 吨，起吊物在 20 吨以内，属于预期使用，超过 20 吨属于非预期使用。起吊应垂直起吊，垂直起吊属于预期使用，斜拉起吊属于非预期使用。

预期使用是指按设备出厂说明书的要求或规定使用设备，超过规定范围属于非预期使用。

大量的设备缺陷或故障，由于使用人员没有预期使用的概念，见插排就将插头插上，也不考虑设备负载是否超过限载范围。需要起吊重物，也不先判断起吊重量是否超过行车使用的约束范围。

如果非预期使用设备的现象非常普遍，你就无法预测什么时候会发生故障，而设备维护团队就会非常繁忙，疲于奔命来抢修设备。我们可以在生产作业班组中推行"三个避免"原则有效地遏制非预期使用的情况。三个避免的具体内容为：一是避免误操作，意味着你应建立与完善SOP（标准作业程序），按标准操作；二是避免违章操作，意味着SOP应方便理解和使用，仅有SOP和培训是不够的；三是避免出现问题后手忙脚乱，从而导致事故损失扩大，意味着你应组织必要的应急演练和防护。为了避免误操作，要迅速组织训练，对于一些容易出故障的操作规程（SOP），组织学习、考试，加强目视化，尽可能避免铁打的生产线被流水的操作员误用、误操作。同时，现场要多做改善，多做防呆装置。为了避免违章操作，要建立相应的规章制度，强化现场作业纪律，提升员工违章作业的代价，并且利用班前会、班后会组织员工进行安全行为分析，减少与控制员工惰性思维和艺高人胆大的粗暴行为。为了避免出问题后手忙脚乱从而导致事故损失扩大，要对危险源进行识别、评价，建立应急预案，开展事故应急演练，对演练的过程与结果进行评价，落实整改方案。组织充分的应急演练，一方面，能够让员工冷静面对突发事故，采取正确的应对措施，避免损失扩大；另一方面，能够让员工在演练中获得事故安全教育，提升员工的防范意识和技能。

如何起草方便员工理解与使用的 SOP，如何进行现场改善？我们将在后面的章节中展开。

第三章阅读导图

稳住基本盘	润滑	解决80%问题
	静态恢复与排障	排除存量问题
	消除非预期使用	排除未来可能的突发故障

第四章

为设备找主人

陷入故障维修的工厂，多数情形是设备没有主人。作业班组负责使用设备，并自主保养设备，电钳人员负责专业保养与检修，设备不是有主人吗？其实不然，作业人员轮班倒，与设备互动8个小时后，交给了下一班。一些工厂由于流程性生产线非常庞大，自主保养实际上是放弃保养。如果人员流动性大，非预期使用会比较普遍。从作业的层面来看，我们无法明确谁对设备负责。从专业保养层面看，当下，设备自动化、大型化程度高，对设备负责专业保全的工程技术人员分工很细，有工艺专业、机械专业、电器专业、液压仪表专业、计算机专业、传动控制专业、通风采暖专业、给排水专业、环境专业等，而生产线从来就是一个整体，过细的分工，从专业保全的角度就无法明确设备的责任人是谁。对于大型企业来说情况可能更糟。大型企业的设备非常多，维护维修技术团队非常庞大，给设备进行检查与检修的人员都是随机性安排。对设备而言，增加了流动性，你更是无法确定谁对保养与检修结果负责。建立公共的维修中心会让这种情况变得更加糟糕。

以上现象非常普遍，由于专业性、流动性和管理层级等因素，造成设备维修保养没有真正的主人，没有真正的责任人。

这样一来，作业人员就像公交车上的乘客，专业技术人员就像司机，大家都倒班，大家都流动。我们应思考，应像私家车一样，主人应明确，自己能做的是预期驾驶与清洗，定期到专业维修点做专业保养，一旦车出现了故障送专业厂维修，一切一目了然。

如果工厂的生产线没有那么全的专业维修厂帮助你保养与检修，怎么办？我们必须做到为设备找到主人，维修保养的主人。我们可以从以下三个方面入手。

> 识别业务流；
>
> 建立职责流；
>
> 重构管理流。

识别业务流

管理者很少注意到自己对业务及业务流程是相对陌生的。一般情况下，设备与生产线是外购的，设计有可能是由委外的设计院完成，安装由工程部代表甲方，安装工作也外包给第三方，而对生产线进行开机与运行维护和检修是另一拨人。通过专业分工来安排工作，这样做本身没有什么错。可问题来了，负责开机与运行维护的人往往对生产线与设备结构、性能、操作与维护规范并不熟练，甚至不清楚，图纸和说明书本身就不全，又没有人去认真吃透与进行必要的补充，因此，普遍的现象是——负责开机与运行维护的人员并不熟悉我们的业务过程。换句话说，我们并不熟悉自己的产线与设备。

我们需要补上这一课，无论是新建生产线还是业已存在的生产线，我们应全面、透彻地识别自己的业务过程。全面意味着包括全流程，意味着包括主设备和辅助设备，意味着包括厂房内的设备和厂房外的设备，意味着包括不同厂房的设备，意味着没有漏项，没有盲区与盲点。透彻意味着吃透设备的内在结构，意味着吃透作用在主要流水线上的分支机构与系统的作用与功能。大量的设备劣化与故障是由于不正确的使用与保养造成的，识别业务过程是做好设备运行管理的基础。

我们往往通过图纸、《设备手册》、SOP 等定义业务过程，为此，我们需要将外部供应商的技术资料和内部积累的资料整理成让员工看得懂且方便使用的作业标准与维护检修性标准文件，我们将在第五章中专门讨论这方面问题。

建立职责流

生产线与设备的运转是需要工作人员去履行职责的，以建立工作流，维护业务流的正常流动。职责流的建立是有诀窍的，好的职责流能让业务流顺畅，重叠交叉或存在盲区、盲点的职责流会让业务流失去工作流的支持而出现停止、呆滞等情况。我们还是用一些具体的案例来说明吧。

起重行车：这是工厂普遍存在的一种设备，它的业务流是使物品转移得到及时支持。谁来操作，谁来负责维护，谁来检修与排除故障？作业分工有两种：专职或兼职。专职有时会造成人力浪费与闲置，工作负载太低，兼职又容易造成误操作与违章操作，安全风险太大。怎么分配操作与保养？你需要因地制宜。工作量基本够了，可以安排专人，工作量太低，那就兼职。但兼职人员应相对固定，而且应接受专业培训与考核，持证上岗。

维护的职责分配也有两种，即自主维护与专业维护。如果专人专责操作，可以采用自主维护的方式；如果兼职，采用专业维护的方式比较合适。无论是自主维护还是专业维护，其职责是定期清扫、紧固、润滑、校正、更换简单易损件、防锈蚀等。

把检修与故障排除的工作安排给专业人员操作，专业人员由钳工与电工两个专业构成。

包装机：许多生产线上有包装机，包装机有精密细致型，如香烟、纸手帕与面巾纸、食品等;有简单粗放型,如水泥、化肥、饲料等。如同起重行车一样,也需要对其进行职责分配,规范操作使用方式、维护保养、专业检修等。

以上这些职责分配的关键之一是:操作使用与专业检修通常不会产生异议,但需要把维护保养的职责划分给操作人员还是设备检修人员,或者设置三类职责岗位,即操作使用、维护保养、专业检修。值得注意的是职责与技能,以及职责与工作量是否匹配,这个地方往往易出问题。很多管理顾问将丰田TPM(全员生产维修)的职责分配套用到国内一些流程型企业中,将维护保养定义为自主保全,由操作人员负责。其实际结果是没人负责,职责盲区就是这样形成的。这样业务流自然不稳定,设备缺陷不能及时被识别与消缺,故障完全不受控,现场掉入事后检修的怪圈中。

以上这些职责分配关键之二是:专业检修怎么分工。在自动化程度高的设备与生产线,一些工厂设置热工仪表工程师、电气工程师、计算机工程师、传动工程师、机械工程师、工艺工程师、给排水工程师等，一般检修人员还有电工、钳工、焊工、氧割工、机加工等，设置一个大而全、分工精细的维修中心来履行维修职责。这样做非常可怕：一方面，如果你的规模不够大，你承受不起这么高的人力成本；另一方面，如果你的规模够大，因为分工过细，你无法相对固定专人来负责某一条线、某一台设备。对整个工厂而言，你觉得专业分工很细、很科学，但对某一具体设备而言，它接受到的维护与检修负责人是流动的，不是相对专一的，你将陷入设备没有主人的怪圈，这就是我不主张设置维修中心的原因。我的经验是去中心化，工作责任单元化，通过划分与划小单元落实责任，通过减少层级强化责任。层级多了，责任会被淡化。

对现场而言，应坚决做到以下三点。

一是对维护保养工作进行合理分工。把设备运行操作交给操作人员，对机加工行业与装配性岗位，把维护保养工作交给操作人员，对装置性流水线岗位，则应把维护保养工作交给专业电钳人员。

二是维保与检修应尽可能减少专业分工。如造纸机生产线设置工艺工程师、机械工程师、计算机与仪表工程师、电气与传动工程师、电工、钳工即可，将通风采暖并入机械工程师的职责；将液压部分并入机械，部分并入仪表；将给排水并入工艺；将环境保护并入工艺。分工越多，工作接口就越多，工作职责的断点与接口就越多，业务流越容易被切断，业务流被切断或被阻隔，问题自然会多起来。

三是慎行检修外包。外包容易造成现场人员的责任缺失，久而久之，还会造成技能缺失，进而增加运营成本。

重构管理流

为解决设备无主人的问题，仅进行合理的职责分配是不够的，我们需要思考管理幅度。这里的管理幅度包括技术与人员两个方面，要使工作饱满又不至于让人过于劳累。我们还是用案例来说明吧。

2015年2月，我加盟某跨国集团公司。集团公司旗下某工厂拥有17台纸机，372条后加工生产线，可谓规模宏大。该厂设有工务中心，由一名经理负责设备管理，工程师有39人，电工与钳工有273人。但他们的工作现场不堪入目，乱、烂、差，跑冒滴漏非常普遍，设备不见本色，尽是油污、纸浆与灰尘。查看记录，好像什么都不缺，这是典型的设备没有主人的结果。为此，我将工厂划分为造纸部和后加工部两个生产部；造纸部又划分为四个车间，后加工部也划分为四个车间，使每个车间的维护与检修人员的配置固定并工作负荷适中，从设备管理的角度为设备找到了主人。这样一来，工务人员减少140人，生产人员减少567人。两年来，设备运行效率提高11.3%，维护费用下降59.6%。

事实说明，人多不一定能将事做好，层级多未必是好事。

我们在这里谈重构管理流，用"重构"两字，是希望设备管理者、工厂的高层管理者要抛弃一些传统的习惯和做法，如工厂规模大了，就不断地增加管理层级，经理下面设处级，处级下面设课级，课级下面设立班组级。这样做太可怕了，对现场而言，最多两级，可以将规模拆分为多个独立的业务单元。工程师的专业分工尽可能少，不宜过细，过细的专业分工往往导致现场故障需要太多的专家会诊，如果诊而不决，就会导致效率低下。过细的专业分工使专业技术人员经验面和思考面窄，既不利于跨专业复杂问题的诊断，也不利于人才成长。

一些私企既无标准又无人手，专业技术人员配置严重不足，设备与产线停机十分频繁，一个月故障停机高达 5 次，甚至 10 次，长期以来，合伙人对此见怪不怪，对故障和停机损失熟视无睹。这是因为他们对直观的物料等显性的损失比较重视，对看不见的设备运行效率等隐性损失没感觉，故而对设备故障不闻不问，也不采取任何措施。

第四章阅读导图

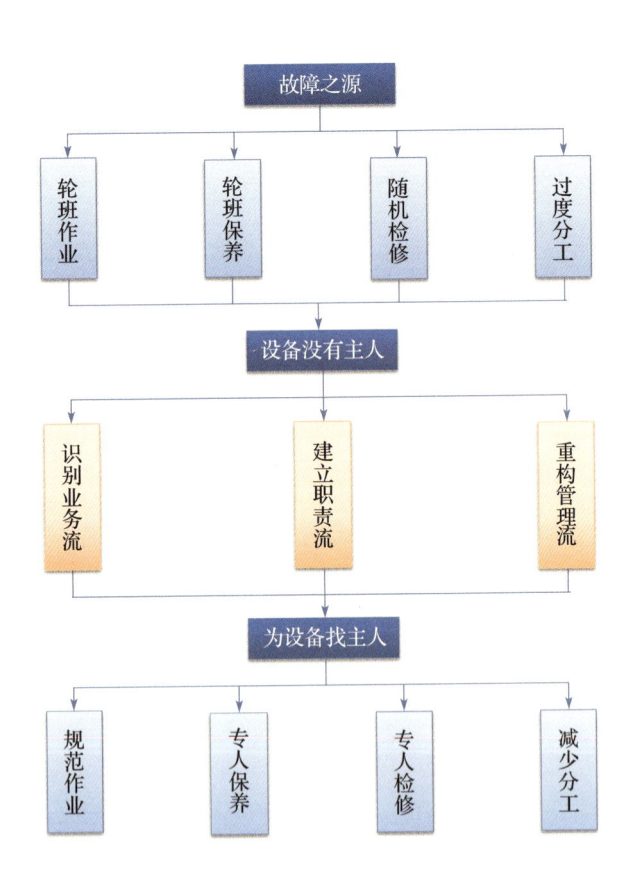

```
                    故障之源
        ┌──────┬──────┴──────┬──────┐
     轮班作业  轮班保养    随机检修  过度分工
        └──────┴──────┬──────┴──────┘
                  设备没有主人
        ┌──────────────┼──────────────┐
     识别业务流     建立职责流     重构管理流
        └──────────────┼──────────────┘
                  为设备找主人
        ┌──────┬──────┴──────┬──────┐
     规范作业  专人保养    专人检修  减少分工
```

第五章

不要考核员工的理解力，写好用的标准

张飞与刘壮是大学同学，成绩在伯仲之间，毕业后张飞受聘到 A 公司，刘壮受聘到 B 公司。A 公司是类似于博世这种世界级的大企业，B 公司是国内有 20 年历史的大型民企。毕业工作半年后，刘壮去 A 公司看望同学张飞，刘壮感觉到了二人的差距。张飞可以独立进行装配线的维护与消缺。刘壮整天还在给师傅做下手，没法独立承担工作。一年后，他俩又聚在一起，张飞因为参与技术革新上了光荣榜，还得到了物质奖励，工资上调 20%。刘壮还只能做一些简单的粗活，刘壮最终从 B 公司辞职加盟 A 公司，成为张飞的同事。入职后，刘壮发现，A 公司的 SOP（标准作业程序）让人一看就懂、一做就会，而原来所服务的 B 公司也有 SOP，却像天书，密密麻麻的文字，没人去看，看也看不明白。

刘壮与张飞的差距就这样不知不觉地形成了。好用的文件让员工培训与学习十分简单，员工很快能上手独立工作。否则，刘壮的悲剧不可避免。管理者累，员工也累。我们不要考核员工的理解力，不要责怪员工素质差、能力低，而应改善方法，写好用的标准。

如何写好用的标准呢？我们从标准为什么被束之高阁谈起。

标准被束之高阁

稍稍成规模（100人以上）的企业都有制度与标准，这些标准在实际管理活动中却往往被束之高阁。30年来，我分析过几十家工厂，归纳起来，不外乎以下几种原因。

> 高层不重视标准；
> 标准不成体系；
> 标准难以理解；
> 标准过于粗糙，存在多种理解；
> 现场没有标准支持。

一是高层不重视标准。高层凭经验管理，就是有标准自己不带头执行，下属会主动吗？企业没有依法依规管理的文化氛围，人治的结果是唯"上"是举，工作被问题驱动、被上级驱动，而不是被目标与规则驱动。就是建立一些粗放标准的企业，其标准也未得到有效执行，执行层面也存在阻力。毕竟制度与标准有积极的一面，也有约束的一面。对员工而言其存在约束的一面。

案例一　×××公司生产设备控制程序

一、目的

为使公司生产设备维持最佳状态，确立维修作业标准，制定本程序书，以作为生产设备管理的依据。

二、范围

本公司生产所用的设备。

三、定义

（一）生产设备：包括仪电设备和机器设备，有关电气、马达、电力、动力、仪表控制等设备均属仪电设备，其余属机器设备。

（二）日常保养：包括设备的清洁、调整、固定、消耗品的更换等，依日常保养作业指导书进行。

（三）定期保养：即周期性的保养，包括设备的定期加油等，依 SAP 系统 PM 模块定期保养执行。

（四）工务部门：工务部门包含机、电、仪各部门。

四、职责

（一）使用部门：负责生产设备的日常保养，并建立生产设备操作指导书。

（二）工务部门：负责生产设备资料的建立、设备维修及所有机械设备的定期保养。

（三）总经理：负责设备报废之核准。

五、工作程序

（一）生产设备控制流程图。

（二）合格设备。

依据设备规格，由使用部门及相关部门会同验收合格设备。

（三）建立设备资料。

新购生产设备安装完成后由工务部负责在安装调试完成后，纸机设备和后加工设备分别在3个月内和1个月内建立该设备的履历表和《设备基本资料表》，并登录至《设备一览表》，设备维修记录进入SAP电脑系统永久存档。

（四）建立操作指导书和保养指导书。

1. 使用部门。

（1）后加工厂负责建立各类机台操作和日常保养的指导书。

（2）抄纸厂负责建立各类机台操作和日常保养的指导书。

2. 工务部门。

（1）制定加工厂各类生产设备的定期保养指导书。

(2)制定抄纸厂各类生产设备的定期和日常保养指导书。

(五)制订停机保养计划。

各类设备由工务部门依保养指导书需求,拟订保养计划,并将其输入SAP电脑系统。

(六)执行保养作业。

1. 日常保养:由使用部门依据设备日常指导书进行。

2. 定期保养:抄纸厂由工务部门依据SAP系统中定期保养的要求进行作业,其他部门自行保养。

(七)异常维修。

设备若发生异常或故障时,由使用部门开立SAP电脑单至工务部门。工务部门若能立即处理的则马上处理,若需停机保养时方能处理的则填《待修汇总表》,并输入SAP系统中,在停机保养时实施作业,在停机保养工作完成后设备运行前,指定机修维修主管与纸机工程师确认维修效果。工务部门在接到SAP电脑通知单后,对故障进行排除作业,然后由维修单位主管在SAP电脑系统上进行维修确认,在系统中填写损坏原因及分析，最后由使用单位进行最终确认，并永久存入 SAP 电脑系统中。

（八）维修判定。

（1）对于异常或故障设备，先经工务部门研判是否能维修，确认无法修复时，用标识牌标明待报废，并填写设备出售（报废单）申请报废，逐级呈报核准后，在《设备一览表》中备注标明报废，并转交生管课处理。

（2）经判定待修的故障设备，则先由工务部门执行厂内维修，维修时用标识牌标明待修中或修理中。

（3）在公司内无法维修时则由工务部门提出《托外制修加工申请暨验收单》，交采购进行托外维修。

（九）维修确认。

维修完成后须经工务部门会同维修部门给予确认，由两部门主管在 SAP 电脑系统中确认，并于 SAP 电脑系统中记录维修结果。

（十）由工务部门保存机器设备的各项记录并建档。

六、附件

(一)《设备一览表》。

(二)《设备基本资料表》。

(三)《托外制修加工申请暨验收单》。

(四)《待修汇总表》。

二是标准不成体系。标准存在太多相互冲突或模糊的地方，导致标准无法被执行。例如，案例一×××公司生产设备控制程序存在的主要问题如下。

（1）文件适用范围界定不准确。文件的第二条中指出，该文件的适用范围是本公司生产所用的设备，而实际本文件表达的是不含仪电设备（仪电设备另有单独的仪电维护程序），主要指机械设备方面的保养与维修。

（2）部门职责与作业内容不清晰。如工务部门含机、电、仪三个部门，第五部分第九条维修确认的内容"维修完成后须经工务部门会同维修部门给予确认，由内部门主管在SAP电脑系统中确认,并于 SAP 电脑系统中记录维修结果"中又多出一个维修部门,难以理解工务部门与维修部门的职责是如何划分的。

(3)作业程序描述模糊,很难理解如何做事。如异常维修:"设备若发生异常或故障时,由使用部门开立 SAP 电脑单至工务部门。工务部门若能立即处理的则马上处理,若需停机保养时方能处理的则填《待修汇总表》,并输入 SAP 系统中,在停机保养时实施作业,在停机保养工作完成后设备运行前,指定机修维修主管与纸机工程师确认维修效果。工务部门在接到 SAP 电脑通知单后,对故障进行排除作业,然后由维修单位主管在 SAP 电脑系统上进行维修确认,在系统中填写损坏原因及分析,最后由使用单位进行最终确认,并永久存入 SAP 电脑系统中"。这段话让人头晕,无法理解,更甭说执行了。

三是标准难以理解。标准的文字描述概念模糊、定义不清、语句啰唆,让人难以理解,这是情形之一。标准条款之间结构和逻辑不清晰，这是造成难以理解的情形之二。标准中尽是密密麻麻的文字，看起来不直观，理解起来费劲，这是标准难以理解的情形之三。以上是最常见的，当然还有其他情形。

案例二 ×××公司安全用电管理制度

一、总则

第一条 用电工作必须贯彻"安全第一、预防为主"的方针。为确保职工在生产工作中的安全与健康，根据国家和公司的有关规定并结合我公司的生产实际情况，特制定本公司用电管理制度。

第二条 凡从事电气作业与检修需遵守电业安全工作规程。

第三条 电气工作人员必须具备下列条件。

1. 电气工作人员必须具备必要的电气知识，按其职务和工作性质，熟悉安全操作规程和运行维修操作规程，并经考试合格取得操作证后方可参加电工工作。

2. 凡带电作业人员应经专门培训，并考试合格及领导批准方可参加带电作业。

3. 电气工作人员应加强自我保护意识，自觉遵守供电安全维修准则，发现违反安全用电并足以危及人身安全、设备安全时应立即制止。

二、生产和生活的安全用电管理

第四条 新装线路、开关负荷应由专业工程师审核确认。

第五条 安装和维修电气设备线路必须由电工进行，严禁非电工人员乱接乱拉。

第六条 严禁使用不符合规格的保险装置，电器设备或线路不得超负荷运行。

第七条 凡未经检查合格的电气设备均不得安装使用，使用中的电气设备应保持正常的工作状态，禁止带故障运行。

第八条　变电所、各控制室等应符合用电安全规定，非工作人员不准随便进入。

第九条　生产岗位、仓库、消防重点部位，严禁私设使用电炉、电烙铁等电热器具。

第十条　易燃、易爆的生产岗位，仓库的电气设备、线路必须符合防爆要求。

第十一条　有高电压的场所、电线裸露的地方，应设立醒目的危险警示标志，并采取有效的隔离措施，防止电击事故发生。室外的电气设施，必须定期清理周围的杂草树木，防止引发事故。

第十二条　所有电气设备的金属外壳及和电气设备连接的金属构件必须采取妥善的接地或接零保护措施。

第十三条　凡移动式设备及手持电动工具，必须装设漏电保护装置。

第十四条　各种电动工具在使用前均应进行严格检查，其电源线件不应有破损、老化等现象，其自身附带的开关必须安装牢固，动作灵敏可靠，禁止使用金属丝绑扎开关或带电体明露，插头、插座符合相应的国家标准。

第十五条　配电箱、配电板、按钮开关、插座及导线等必须保持完好、安全，不得有破损或将带电部分裸露出来。

第十六条　凡露天使用的电气设备应有良好的防雨性能或有妥善的防雨措施。凡被雨淋、水淹的电气设备应进行必要的干燥处理，经摇测绝缘合格后，方可再行使用。

第十七条　局部照明灯、行灯及标灯，其电压不应超过36伏，在特别潮湿的场所及金属容器、金属管道内工作的照明灯电压不应超过12伏，行灯电源线应使用护套缆线。

第十八条　电器在使用过程中，发生打火、异味、高热、怪声等异常情况时，必须立即停止操作，关闭电源，并及时找电工检查、修理，确认可安全运行时才能继续使用。

第十九条　打扫卫生、擦拭设备时，严禁用水冲洗或用湿布擦拭电气设施，以防发生短路和触电事故。

第二十条　公司电气检修工作应遵守检修工作票制度。

三、临时施工的安全用电管理

第二十一条 严禁施工单位擅自接线搭火；施工单位需做好配电盘，所有开关都要带漏电保护。

第二十二条 电缆敷设应尽量架空，如需埋地敷设应使用铠装电缆。

第二十三条 临时线路应按有关安全规定安装好，不得随便乱拉，还应在规定时间内拆除。

《案例二 ×××公司安全用电管理制度》看似很全面，有总体管理思想，有生产、生活的安全用电管理，还有临时施工的安全用电管理。但谁来做，做什么，怎样做，做到什么标准，谁来检查，流程、职责、标准等都没有清晰的定义，虽然有那么多的条款，但不清楚如何落实，还是很难做到安全。

四是标准过于粗糙，存在多种理解。例如，某公司新建项目安全用电管理制度第二十五条："新建项目的电气设施材料应符合国家标准。在电气设施施工过程中，公司电气技术负责人应不定期对使用的材料及安装工艺进行监督检查,对用电安全进行监督检查。"不定期"这三个字大家在写标准时经常用到,对"不定期"存在无数种解读,这说明我们对目标的追求与过程管理标准还不够清晰。"新建项目的电气设施材料应符合国家标准",到底是哪些标准,完全可以罗列出来,否则,也会导致多种解读。"对用电安全进行监督检查",检查的内容如果罗列一份清单,就可以避免多种解读。当标准文件尽是这样没有细节量化的语言时,文件就失去了可操作性。

五是现场没有标准支持。一些管理者把对标准的拥有当成一种权力,而不是把它理解为是对现场工作的定义与行为准则,没有对现场工作进行必要的宣贯,现场的工作人员也得不到标准的支持,他们甚至找不到标准在哪里——标准锁在领导的抽屉里。

从 ISO 9000 做起

非常多的企业导入了 ISO 9000 族标准,建立了质量、环境和职业健康与安全等管理体系。但这些管理体系与实际工作形成两张皮，这些体系性的文件仅是用于外审的，内部管理则用另外一套支离破碎的文件。

由于没有真正理解与把握 ISO 9000 族标准的编写原理，一些企业在顾问师的辅导下编写的文件不好用，甚至无法使用。现在，一些企业拿证走过场，顾问师在辅导费越来越少的情况下，无法提供足够的培训与辅导支持。

中国式的管理主要是研究人，这本没有错，但研究人的管理难形成定式（模型）。以 ISO 9000 族标准为标志，世界性文件体系 90% 以上都用过程方法编写，都建立了相应的过程管理模型。遗憾的是，相当多的企业管理者没有"吃透"过程方法，也没有建立或梳理自己的过程管理模型。将模型与细节定义清楚，你的文件化体系不就齐全了吗？所以，我们还得从 ISO 9000 做起，我们可以用 ISO 9000 建立质量管理体系的方法建立设备运行管理体系。设备管理评价中心标准 PMS/T 1-2018《设备管理体系标准》可供参考。

写标准

写标准应是增值的过程，将优秀实践写进标准，成为提高企业综合实力的重要工具之一，将一些典型故障的排除方法写进标准，让历史经验为后人提供参考。标准化及标准化能力是重要的组织能力之一，写标准的过程也是让团队成长的过程。通过学习写标准，亲手动笔写标准，这是让写标准的人经历结构性与系统性思考的训练，是将碎片化的经验上升到标准化与系统化的过程。

总之，写标准的过程是一次难得的学习之旅。

格艾管理咨询公司在辅导一些公司的过程中，经常遇见一些人积极投入写标准的活动中来，而另一些人则抵制，想尽办法应付了事。前者持开放心态，后者持保守心态。作为总经理，如果你亲自参与写文件、审文件和用文件，事情就会发生改变，因为你用行动亮明了态度。而且，各级管理者必须参与文件的编写，业务流程是明确的，管理者可以适度介入或者不介入，但是，管理流程和职责分配需要管理者策划和定义。这一点很重要，没有各层级管理者的充分参与是文件写不好的原因之一。

另外，写标准需要掌握以下三个要领。

> 优先归序；
>
> 不能归序就归类；
>
> 图表结合。

一是优先归序。我们梳理一下会发现，一方面，作业文件大多数是对一些活动的定义与描述，这些活动是有先后顺序的；另一方面，每一个岗位需要进行多项作业活动。我们编写文件的习惯思维是将某一岗位多项活动写在一份文件中，造成的结果是结构混乱，要么冗赘，要么对细节定义不充分，最终导致文件无法使用。当我们有了以上认知后，我们不再按岗位职责编写作业文件，而是按照每一活动编写作业文件。这样一来，我们就有机会按某一项活动的先后顺序编写文件，会取得以下效果。

> 职责分工清晰；
>
> 文件的整体结构一目了然，细节定义充分而不冗赘；
>
> 查看时清晰、直观，阅读方便；
>
> 编写时也会避免漏项。

具体来说，纵向四列：

第一列序号。

第二列部门或人员，明确责任主体。

第三列流程步骤，是由主要步骤构成的流程。

第四列作业说明和要求，对每一步骤进一步拆解与细节量化，明确每一步应如何做、做成什么样，应作什么记录或填写什么表单。

根据步骤设置横向多少行。

纵向第三列是主列，全部文件围绕此列展开，我们写文件时从这列开始，先列出主要步骤，搭建文件的主架构。

接着是第二列，明确谁对这些步骤负责。

再接着是第四列，此列一定要做到细节量化，不要用过多描述性的词。例如，不要用"仔细地""认真地"等词，而要用"温度40摄氏度""电流72安培"等词，因为形容词等非描述性用词会分散阅读者的注意力，干扰读者对主体内容的理解与把握。

最后才是第一列，通过编序增强阅读的整体性。

这是一种行列相互结合的编写方法，通过第三列和第一列展示了整体性和逻辑性，第二列将责任细节量化了，第四列将作业细节量化了，纵（列）横（行）结合将结构呈现出来，方便员工对文件的理解。必要时再配上图片，会更直观。

如此一来，我们还要考核员工的理解力吗？

我们具体看一下表5-1，方便对以上文件编写要领的理解。

表 5-1　×××公司临时施工用电管理规定

序号	部门或人员	流程步骤	作业说明和要求
1	用电申请部门的负责人、工程师	施工单位身份确认	① 确认施工单位是否签了合同或是否证实所雇请的供应商的施工人员 ② 施工方自配的电工应有电工证，仪电部应将其电工证复印件存档
2	用电申请部门的负责人、工程师	《临时用电申请表》的填写	①《临时用电申请表》由雇请的外部施工单位的负责部门填写，此单一式两份，一份由申请部门存档，一份由仪电部存档 ② 要求写明用电申请部门、施工单位、施工负责人、用电设备、用电负荷、施工地点、用电起止时间 ③ 用电负荷不明的由仪电部电气工程师、值班技术员或电修员最终确认
3	自动化电气工程师	《临时用电申请表》的审批	① 根据施工单位的用电负荷、时间、地点，确定采用现场检修箱或者另外铺设专线供电 ② 对于50千瓦以上负荷的临时用电申请，负责到现场对用电设备和控制设备、安全防护措施做进一步检查核实，作为最终审批的依据。发现不符合用电安全规范的，禁止用电单位施工 ③ 安排值班技术员或电修员实施供电

续表

序号	部门或人员	流程步骤	作业说明和要求
4	值班技术员、电修员	用电线路的接线、送电	① 对于50千瓦以下的用电负荷申请，负责到现场对用电设备和控制设备、安全防护措施做进一步检查核实，发现不符合用电安全规范的，不给予接线供电，无法判定的上报工程师处理 ② 接线安全可靠，随时检查用电安全情况 ③ 接线送电后在表上签字确认
5	值班技术员、电修员、施工人员	用电线路的拆除、断电	① 拆线干净、彻底 ② 要求施工人员清场
6	值班技术员、电修员、电气工程师	确认用电完毕	① 拆线、断电后在表上签字确认 ② 《临时用电申请表》由电气工程师存档，存期为一年

仔细观察我们就会发现表5 1中的流程步骤清晰，负责人明确，作业要求具体，并且让人一目了然，便于整体把握。

以上编写方法会形成鲜明特点，一个岗位需要使用多份作业文件，一份作业文件可能供多个岗位使用。

二是不能归序就归类。在现实中，并不是所有的文件都可以归序，有些制度性的文件是不方便归序的，对这些不能归序的文件，我们就归类，这样也能让人阅读起来感到层次清晰、一目了然。我们从表 5-2 中可以看到，一件事情与多个职位的人有关。如采用常规的文件编写方式 1.1、1.2、1.3、2.1、2.2 等很难描述清楚，就算写清楚了，看文件的人也会很累。而采用表 5-2 的方式，一件事情谁主责、谁协助、谁负领导责任，清晰直观、一目了然。

表 5-2 设备精细化管理规定——职责分配表

工作要项	岗位职责		课长	工程师	领班	技师	润滑技师
设备基础管理	《设备台账》		★	●	○		
	设备档案	《设备档案清单》	★	●	○		
		《设备卡片》	★	●	○		
设备基础管理	设备档案	《说明书》	★	●	○		
		《易损件图纸》	★	●	○		
		《设备履历表》	★	●	●		

续表

工作要项	岗位职责		课长	工程师	领班	技师	润滑技师
设备基础管理	设备档案	润滑点、频率、油质要求	★	●	●		●
	备品备件		★	●	●		●
设备运行点检与维护	《点检线路图》		★	●	●	●	●
	《重点设备点检表》		★	●	●	●	●
	《点检作业指导书》		★	●	●	●	●
	《设备异常报告单》		★	●	●	●	○
	《设备点检表》		★	●	●	●	○
设备检修	《检修计划》		★	●	●	●	
	《检修指导书》《检修工作单》		★	●	●	●	
	检修记录		★	●	●	●	

说明：★领导责任　●主要责任　○配合与关注

三是图表结合。表 5-3 所展示的编写方法采用了图片、表格，方便直观表达。图表与文字有机结合，少用文字，达到一目了然的效果，方便理解。

表 5-3 《浆泵点检作业指导书》

设备名称	纸机浆池泵

图示：（轴承位置、联轴器、加油嘴、机械密封、油封；轴承压盖、机械密封、止推轴承、泵体、轴、叶轮、叶轮背帽、叶轮背板间隙、入口、叶轮口环）

序号	作业项目和步骤	点检频率	标准要求
1	检查浆泵的跑、冒、滴、漏情况	1次/天	机械密封处无漏浆，油封处无漏油，管道无漏浆
2	用测温仪测量电机端、泵端的轴承温度（或用手感）		轴承温度正常范围：50℃以下
3	用听诊器听取泵两端轴承的声音		轴承运转平稳、轻快，无停滞现象，响和谐，无杂音，可听到均匀连续的"唑唑"声或较低的"嗡嗡"声，噪声的强度不大
4	观察泵的振动幅度		感官判断振动情况，若振动较大可用测振笔测量，正常范围：在5毫米/秒以下
5	侧耳细听联轴器的声音		联轴器声音正常情况：顺畅，无摩擦声，无碰撞声
6	记录填写		工整、准确，不允许有假记录

使用工具

序号	名称	规格	数量
1	测试仪		1把
2	听诊器		1根
3	点检表		1份
4	振动笔		1支

注意事项

温度范围	手感	温度范围	手感
20℃左右	手感较凉，随着接触时间的延长，手感较温	50℃左右	手感较烫，若用手掌心按的时间较长，会有汗感
30℃左右	手感微温	60℃左右	手感很烫，但一般可忍受10秒
40℃左右	手感较热，有微烫感	70℃左右	手感很烫，有灼痛感，一般只能忍受3秒

内容：禁止用手或物品直接接触转动的部位；发生故障时，在填写工作单并断电后才能进行检修

特记事项：两周周后补油时注意轴承的润滑情况；周期补油时需注意有没有稀泥油从轴承流出

充分使用图表写出的标准很容易让人产生整体性理解，看到左侧就联系到右侧，看到底部就联系到顶部。密密麻麻的1.1.1、1.1.2、1.1.3 式的标准，让人看起来很累，还没有看到后边的内容，就已经忘记了前面的内容，貌似结构层次清晰，但人们的阅读感觉不清晰，一个字——"累"。

审标准

文件由熟练掌握 ISO 9000 过程方法的人员辅导一线工程技术与作业人员联合来写，一人指导，一人执笔，给出模板用于参考。编写好文件初稿后，应安排评审，让不同层级的技术与管理人员参加。先审总结构、总框架、主流程步骤，后审每一条款、每一个用词。评审的目的是使文件形成唯一性解读，不存在歧义或者细节描述不充分的情况，谁去解读只有唯一性理解，谁按文件去做只会出现唯一性结果。做到这一点，需要反复练习，仔细推敲，最终达到熟能生巧的效果。

评审的人员组成非常重要，应由不同层级的相关专业人员组成。评审的时间应充分，千万不要走过场，允许其他人充分质疑，通过质疑促进人们从不同角度思考，有利于完善文件。评审结束后"让子弹飞一会儿"，先静一静，再仔细推敲，静一静后再回头看，效果会不一样。必要时应组织第二次评审，再静一静后仔细推敲，进行第二次修改。必要时应组织第三次，甚至第四次评审。这样，才会实现文件编写的目标，既充分又不冗赘，让人一目了然。

审标准不能走过场，文件的质量就在这一过程中不断提高。一些公司重编写、轻评审。评审需要召集一批人花很多时间，因此就草草走过场。其实，评审也是一个有价值的增值活动，不仅可以集思广益，还可以相互启发，促进对结构化思维的领悟。

结构化思维的难点在于搭建框架，而搭建框架的难点在于视角单一。评审活动的价值在于众人在一起，百花齐放、百家争鸣，拓宽了看问题的视角。因此，在这方面多花点时间是值得的。

例如，《亚赛利气罩调整作业指导书》前后有三个版本。

工程师在经理的指导下起草了首份 SOP，经过第一次评审，感到不好用。过了一段时间，我们在 1.0 版的基础上让起草编写的工程师改编升级到 2.0 版。再过一段时间后，我们感觉还是不好用，工程师又自主升级至 3.0 版，最终评审通过，深受现场欢迎。详见案例三所示。

案例三 《亚赛利气罩调整作业指导书》的三个版本

一、《亚赛利气罩调整作业指导书》1.0 版

1. 目的

快速处理护罩限位故障，确保护罩正常开合。

2. 适用范围

纸机护罩开合故障报警。

3. 定义

无。

4. 故障描述及处理办法

如表 5-4 所示。

表 5-4　故障描述及处理办法

故障部位	故障描述	原因分析	处理办法	使用工具
纸机护罩开合报警	现场湿端护罩已闭合，但DCS画面未显示闭合信号	护罩开合限位开关位置不正确	① 开合护罩，护罩打开间隙大约20厘米；护罩闭合间隙大约5厘米 ② 观察：护罩打开时，GS 3-4510接近开关指示灯亮，电机停止；护罩闭合时，GS 4-4510接近开关指示灯亮，电机停止运转 ③ 将锁紧的螺丝松开，移动圆筒到合适位置，再将螺丝锁紧 ④ 护罩安全限位位置需在开合停止位置的基础上放宽1～2厘米 ⑤ 同理，护罩闭合位置通过调整螺母，调节螺杆长度 ⑥ 在DCS上操作护罩的关闭、开合，检查现场光眼显示画面与动作是否一致	万用表、活动扳手、内六角扳手

二、《亚赛利气罩调整作业指导书》2.0版

1. 目的

明确护罩限位调整作业指导书作业流程，为实际作业提供指导，并适时改进，完善作业流程。

2. 范围

适用于纸机护罩。

3. 职责

如表 5-5 所示。

表 5-5 岗位及主要职责

序号	岗位	主要职责
1	仪电技师、工程师	负责限位调整的整个作业步骤
2	抄纸领班	为仪电人员创造可以调试作业的安全环境

4. 流程及作业说明

如表 5-6 所示。

表 5-6 流程及作业说明

流程图	责任人	作业说明	注意事项
作业申请	仪电	作业前取得抄纸生产人员作业许可	调整时脚要站在稳固的平台上
作业核准	抄纸	检查生产情况，确保此作业不会带来其他影响	
限位状态查看	仪电	① 护罩操作画面显示护罩限位的状态 ② 护罩打开间隙大约 20 厘米；护罩闭合间隙大约 5 厘米 ③ 护罩打开命令，电机正转，接触到 GS 3-4510 限位光眼，限位光眼灯亮，电机停止，护罩在打开位；护罩闭合命令，电机反转，接触到 GS 4-4510 限位光眼，限位光眼灯亮，电机停止，护罩在闭合位	

续表

流程图	责任人	作业说明	注意事项
调整限位光眼	仪电	需通过调整光眼圆筒型支架位置，以达到调整护罩开合间隙大小（将锁紧的螺丝松开，移动圆筒到合适位置，再将螺丝锁紧）	
调整安全位限位光眼	仪电	护罩安全限位位置需在开合停止位置的基础上放宽1~2厘米。护罩打开，电机正转，若开位置GS 3-4510限位光眼失灵，且电机没有停，电机继续正转，接触到GS 1-4510安全位限位光眼电机停止；同理，护罩闭合，电机反转，若GS 4-4510限位光眼失灵，接触到GS 2-4510限位光眼，电机停止	
效果检查	仪电	闭合护罩，检查其动作的准确性	

三、《亚赛利气罩限位调整作业指导书》3.0版

《亚赛利气罩限位调整作业指导书》3.0版见表5-7。

表5-7 《亚赛利气罩限位调整作业指导书》3.0版

文件名称	《亚赛利气罩限位调整作业指导书》	文件编号		3.0版
设备名称	护罩限位	型号		编制人	

安全注意事项：① 护罩在调整时电机点动运行
② 尽量安排停机调整限位

续表

文件名称	《亚赛利气罩限位调整作业指导书》	文件编号		3.0 版
		工具： ① 内六角扳手 1 套 ② 活动扳手 1 把		
故障图示		序号	问题描述	注意点
		1	现场湿端护罩闭合，但 DCS 画面未显示闭合信号。如左图红色圈所示	矫正护罩开合限位位置
处理步骤		序号	处理步骤	注意点
		2	开合护罩，护罩打开间隙大约 20 厘米；护罩闭合间隙大约 5 厘米	尽量在停机时做护罩限位矫正
		3	护罩打开时，GS 3-4510 接近开关亮，电机停止；护罩闭合时，GS 4-4510 接近开关亮，电机停止	现场观察护罩开合动作是否顺畅
		4	将锁紧的螺丝松开，移动光眼圆筒支架到合适位置，再将螺丝锁紧	观察光眼位置是否能被有效感应

续表

处理步骤	序号	处理步骤	注意点
开极限　合极限	5	护罩安全限位位置需在开合停止位置的基础上放宽1～2厘米（即在左图所示位置，挡杆触动开关所需移动距离）	在护罩打开或关闭时，极限位动作，立即停止电机
合位置	6	在DCS上操作护罩关闭、开合，检查现场光眼显示画面与动作一致	观察干湿端反馈信号是否基本一致

用标准

标准是拿来用的，最好的审核是回到现场，让一位陌生人按标准去操作，不提供任何讲解与支持，一切顺畅无误就达到预期要求了。这些标准由材料与产品规范、工艺规程、安全作业SOP、检验SOP、点检SOP、润滑SOP、检修SOP、《职位说明书》等组成。按照这些标准去做，就能通过职责流，支持工作流与业务流，运营才会顺畅。一些技术与管理人员将文件视同权力与资产，不让现场得到这些标准，也缺少必要的培训支持。管理者应明白一个道理：作业出了错，责任还在上级。我们的重要职责之一就是帮助与支持下属，让他们顺利、高效地完成工作，提供标准和培训下属就是重要的帮助与支持。

我们不妨做一个试验，让同一产线不同的班组人员和工程技术与管理人员分别讲述与该产线相关的标准与职责，你会发现文字千差万别，意思相同的部分不足四成。写的都不一致，做出的产品怎么会一致？这样一来，质量与效率波动自然不可避免。

活化标准

写标准的目的是使用，使用的目标是使重复的活动（业务过程）千万次做对，被不同的人在同一岗位千万次做对，被相同的人在不同的时间千万次做对。

活化标准的目的就是方便使用。活化就是通过结构化、画面化实现生动化，方便员工理解和记忆。活化有以下三种方式。

> 表单化；
>
> 目视化；
>
> MV化。

一是表单化。如案例四中"一、目的"至"五、流程及作业标准"是规定的主要内容。"六、相关文件"列出了相关支持文件的名称，让使用者明确不同文件之间的联系。"七、表单"列出了《异常动火申请单》，将前文规定的内容通过表单固化，在日常工作中直接使用这份表单就可以规范动火作业，这份表单变成了控制动火作业活动的管理工具。

管理者需要学会将管理流程和标准要求表单化，将表单作为一种重要的管理工具。

案例四 ×××生产公司动火作业管理规定

一、目的

为保障公司动火作业安全,防止火灾事故,特制定本规定。

二、范围

本规定适用于公司动火作业的管理。

三、定义

无。

四、职责

如表 5-8 所示。

表 5-8 主要职责

主管部门或人员	主要职责
行政部	① 制定、宣贯动火作业要求 ② 监督动火作业现场防护措施的落实 ③ 编制动火单台账
动火部门	① 填写《异常动火申请单》 ② 制定及落实防护措施,保障现场作业安全

续表

主管部门或人员	主要职责
总经理	审批动火条件及防火措施
保安队长、保安	全程监视动火现场，保障现场作业安全

五、流程及作业标准

如表 5-9 所示。

表 5-9 流程及作业标准

部门或人员	流程步骤	作业标准
动火申请部门	填写《异常动火申请单》	根据动火作业要求及现场情况填写《异常动火申请单》，识别危险源及制定防护措施，呈送本部门经理签字
区域安全员	现场验证	动火前用气管、扫把将粉尘、纸屑等易燃物清理干净，必要时用水浇湿作业地面；将作业周围的成品、原纸、材料等物资移开至 10 米以外的安全范围；准备两个以上 4 千克干粉 AB 型的灭火器及接好消防水带；大型动火需将动火周围隔离，并配备防火毯；化学物品需移开至 20 米外单独存放；屋顶动火时地上、地下需多人同时监管
申请部门经理、行政部经理	审核	对动火信息、作业防护审核

续表

部门或人员	流程步骤	作业标准
总经理	审批	对动火信息、作业防护审批
行政部门、保安队	现场监督	保安队长现场确认具备的动火条件，根据《异常动火申请单》，分派一名保安至现场进行全程监督
作业单位	动火	按《异常动火申请单》要求的防护实施执行现场动火作业，并在《异常动火申请单》上签名
作业单位	清理现场	动火作业后，仔细清理现场，防止遗留火种
行政部、保安	检查现场	检查并确认动火现场无隐患后，方可撤离
行政部、保安队	编制台账	按月汇总《异常动火申请单》编制台账

六、相关文件

《安全管理制度》。

七、表单

一是《异常动火申请单》，如表5-10所示。

二是《异常动火台账》。

表 5-10　异常动火申请单

申请部门		动火时间		申请人	
				手机	
动火申请	动火区域、设备、事项描述：					
	序号	风险评估	防护措施	验证	
				安全员签字：	
动火批核	部门经理		保安队长	行政经理	总经理	
	年　月　日		年　月　日	年　月　日	年　月　日	
动火作业	作业人员		现场监督保安		备注
清场检查	作业人员：动火作业后，仔细清理现场，防止遗留火种。 签名：　　　　　　　　　　　　　　　年　月　日 现场保安：检查并确认动火现场无隐患，方可撤离。 签名：　　　　　　　　　　　　　　　年　月　日				
整理汇总	签名：　　　　　　　　　　　　　　　年　月　日				

二是目视化。目视化就是做一目了然的管理，它可以让

SOP 等变成"如何做一目了然,判断正误一目了然,如何避免事故一目了然"等。让员工凭记忆做事,容易出错,同时员工会觉得累。目视化就不需要考核员工的记忆力,降低了员工将事做对的门槛。

我们看下面几个案例吧,从中可以理解目视化的价值。

案例五 管道介质及流送方向可视化

管道目视化可以帮助员工在管道丛林中快速找到目标,提升作业效率;不同的介质用不同的颜色区分,帮助员工快速识别安全风险,提前做好安全措施,降低风险,如图 5-1 所示。

图 5-1 管道目视化

案例六　润滑作业目视化

如表 5-11、图 5-2 所示，油品、工具和现场设备的润滑点用颜色和图标加以区分，可有效避免错用混加。

表 5-11　润滑剂代表色规范

普通液压油 46#	青绿	3# 锂基脂	黄色
锭子油	黑色	0# 锂基脂	鲜绿
N100 齿轮油	梅红	壳牌 68#	红色
壳牌 Alvania R2 或 R3	橙色	壳牌 Omala220	绿色
耐高温油脂	粉红	美孚 Mobilgrocse HP 或壳牌 Alvania ER2	蓝色

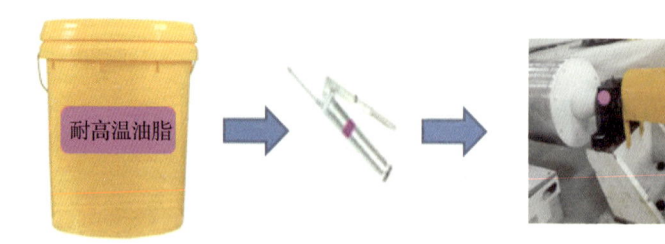

图 5-2　油品、工具和现场设备

案例七　润滑油流量标准目视化

流量柜中润滑油流量计与现场的润滑点用图表的方式一一对应，如图 5-3 所示。油量标准目视化，可以使员工在点检时不用带说明书或作业指导书就能快速判断出是否正常，大大提升点检的准确性与作业效率。

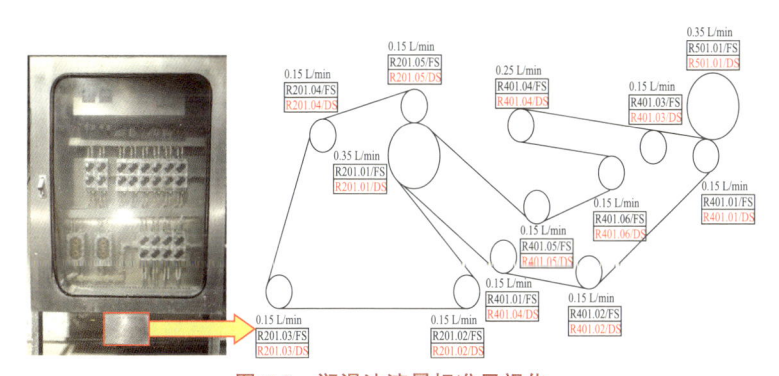

图 5-3　润滑油流量标准目视化

案例八　仪表目视化

如图 5-4 所示，仪表上的红色标识为禁止状态，黄色为警戒状态，绿色部分为正常工作范围，直观、清晰。

图 5-4 仪表

案例九　螺丝紧固标识目视化

正常点检螺丝是否松动是用扳手紧固或用手触摸螺栓是否松动，工作量大，作业效率低。如果紧固完成后按图 5-5 所示的方法做好标识，点检螺丝是否松动直接目视检查就可以了，大大减少了工作量，提升了点检的效率。

第五章 不要考核员工的理解力，写好用的标准

螺丝是否松动的可视化

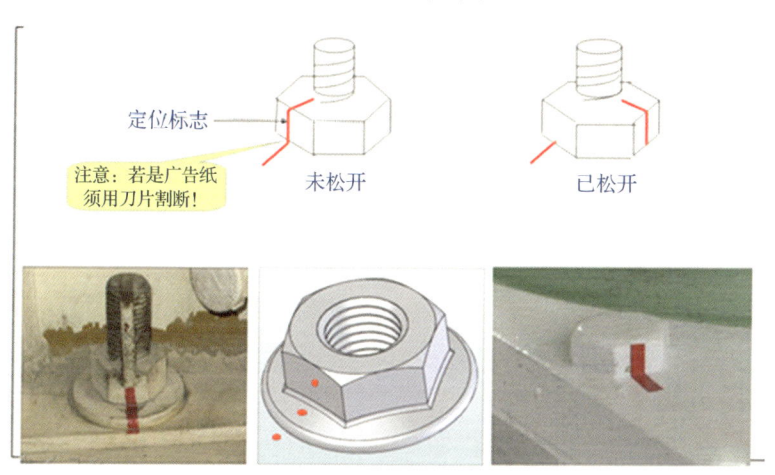

定位标志

注意：若是广告纸须用刀片割断！

未松开　　　已松开

图 5-5　螺丝是否松动的可视化

案例十　旋转设备可视化

图 5-6 为设备旋转方向可视化，皮带的松紧度可视化（可在运行过程中检查松紧度）。

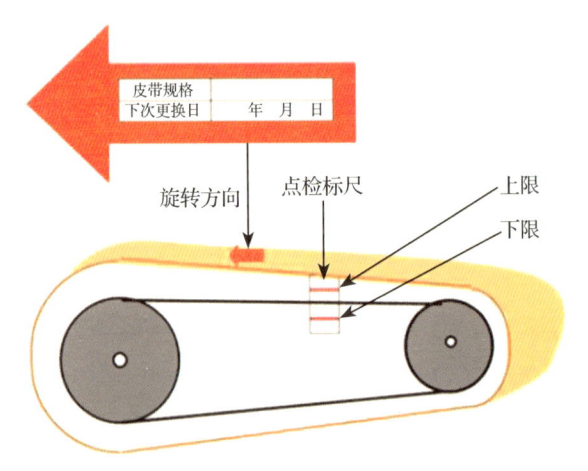

图 5-6　设备旋转方向可视化

案例十一　作业方法可视化

如图 5-7 中所示步骤 1：当行车电源开关处于送电状态时，为防人误操作，手柄回缩。当想断电时手柄必须拉出来向下按，才可以实施断电作业。如遇紧急情况行车须立即断电，离行车电源开关就近人员可按图 5-7 所示的步骤 2、3 指导，实施断电作业，避免发生事故。

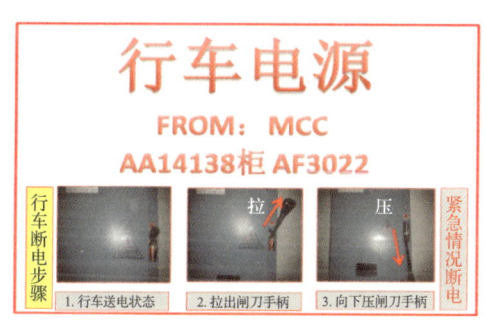

图 5-7　行车电源

三是 MV 化。当一些作业标准或方法用文字或图片描述不清楚时,可拍摄成 MV,对动作要领与先后顺序进行可视化演示,如图 5-8 所示。用 MV 进行培训,可以反复使用,既方便,效果又好。在拍摄 MV 前需要事先策划、充分准备,将动作与解说词提前做好预案,选择操作熟练的人员演示动作要领。

图 5-8　测量电阻视频

第五章阅读导图

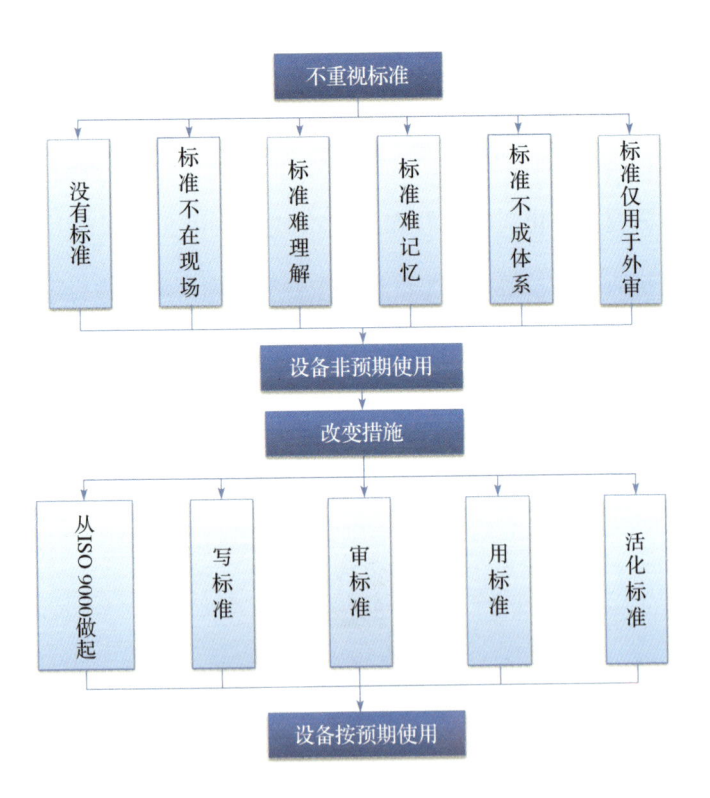

```
                        不重视标准
        ┌─────┬─────┬─────┼─────┬─────┬─────┐
      没有  标准  标准  标准  标准  标准仅用
      标准  不在  难理  难记  不成  于外审
            现场  解    忆    体系
        └─────┴─────┼─────┴─────┴─────┘
                 设备非预期使用
                      ↓
                   改变措施
        ┌─────┬─────┼─────┬─────┐
      从ISO  写标准 审标准 用标准 活化标准
      9000做起
        └─────┴─────┼─────┴─────┘
                 设备按预期使用
```

第六章

设备零故障运行管理模型

在现场，与设备和产线亲密互动的人是作业人员、维护和检修人员，高一层级的是工程技术与基层管理人员。本书聚焦设备运行管理，也就是设备现场管理，涉及的是设备运行、维护与检修。非常多的人通过某种方式与设备互动，以保障产线正常运行。谁应对设备操作负责？谁应对设备的维护保养负责？谁应对设备的检修负责？谁应对设备的故障负责？用什么方法操作设备？用什么样的方法保养设备？用什么样的方法检修设备？用什么样的方法排除设备故障？设备与产线每天都躺在车间里 24 小时运行，作业人员 8 小时倒班，如何使团队的工作形成一个整体，从而对设备与产线 24 小时连续正常运转负责呢？

> 我们追求零故障运行的目标，实现这一目标的作业标准体系与职责体系是什么？实现这一目标的路径是什么？这是本章要讨论的内容。

设备零故障运行管理模型是由设备运行管理的目标和实现目标的核心流程构成，它体现了各个管理模块的结构、顺序、作用和关联。当建立了这样一个整体以后，管理工作的系统性会更好，效率自然会高。本章涉及以下几个主题："过程管理模型""打破设备管理的思维定式""设备零故障运行管理模型"等。前面两个主题是为本章的核心主题"设备零故障运行管理模型"服务的。

过程管理模型

我在著作《系统管理的力量：做一个卓有成效的管理者》一书的第二章中全面阐述了过程管理模型，而设备零故障运行管理模型是按照过程管理模型建立的。在此，我们简单回顾一下过程管理模型，作为本章的导入。

企业的活动都是有目的或有目标的。将输入转化为输出的一项或一组活动，被称为过程。也就是说，任何企业的活动都是一个将输入转化为输出的过程,过程都是被目标(战略)驱动的,如图6-1所示。

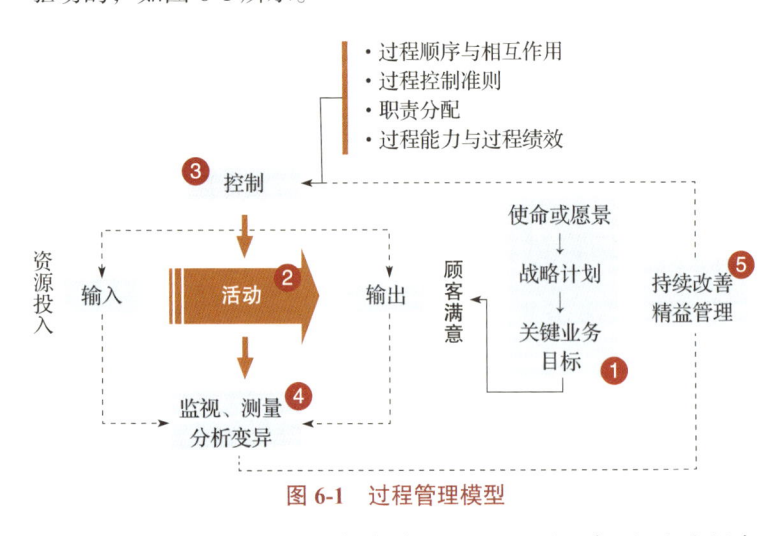

图6-1 过程管理模型

战略驱动主营业务目标与实现过程,子目标及子过程支持企业的总目标与整个过程。设备运行过程是企业管理整个过程中的一项子过程,设备运行管理是构成生产过程的一项极为重要的子过程,所有这些过程都可以采用过程管理模型来建立相应的管理体系。

过程管理模型包含一个业务目标、一个业务过程、一个管理过程、一个通用方法(PDCA)、三个渐进发展阶段(标准化阶段、精益化阶段、智能化阶段）。

一个通用方法 PDCA：①、② 构成业务过程的策划 P，③ 构成管理过程的策划与实施 D，④ 构成运营过程的监视与测量 C，⑤ 构成对整个运营过程的持续改善 A。

三个渐进发展阶段：一是初级阶段，由无序到有序，由无标到有标，建立标准和体系，目的是让重复的活动（过程）千万次做对，以达成目标，即过程的输出稳定一致，称之为标准化阶段。二是提升阶段，运营过程与管理体系经过不断地消灭浪费和提升效率的改善活动，过程效率和效果不断提升，称之为精益化阶段。三是完善阶段，通过精益化的不断发展，不断提升设备与管理的智慧化水平，逐步发展到过程稳定性更高的阶段，称之为智能化阶段。

以上三个阶段是从管理的视角进行定义，在这一管理提升过程中，伴随机械化、自动化和集成化、信息化的迭代发展，这是一个技术发展过程。管理和技术的不断提升及发展，逐渐融合形成了智能制造。智能制造既包含设备自身的智能化，又包含运行管理的智能化。

本节讨论的内容属于管理的标准化阶段，通过建立设备运行标准化管理体系来支持零故障目标的达成。

所谓管理模型就是管理总框架，它是由流程步骤构成的。当管理过程的输入、活动与输出的每一个细节都被清晰定义与细节量化，管理框架就变成了管理体系。

管理模型 + 细节量化 = 管理体系。

业务目标、业务过程和管理过程构成了总过程，这一总过程又被称为商业模式。

业务目标 + 业务过程 + 管理过程 = 商业模式。

设备运行管理模型是实体制造型企业所采用的商业模式的管理体系的重要组成部分。

打破设备管理的思维定式

中华人民共和国成立之初，引进了苏联的设备管理模式，这一模式可接受事后检修与故障检修，实行预防检修与故障检修相结合的设备综合管理模式，其过程贯彻了定修的概念。

定修属于计划检修的一种，就是按照固定的时间周期对设备进行停机检修。定修通常分为大修、中修和小修。

设备大修的英文叫 Overhaul，有的企业叫大检修。大修就是依据点检、监测中发现的隐患和需要改善的内容，按照一定的周期与时机对设备全部解体，然后对总成部件解体，对相关零件清洗、检查，判断其是否损坏，随后进行修复、更换或改造，然后再按照逆序方式进行安装、对中、平衡、精度调试，空载试车、负荷试车，直到交付生产运行的全部过程。传统的做法是每台设备都按照一定周期或者时机进行大修的。

中修和小修只是牵涉的面不同而已，其基本思想与大修一脉相承。

在计划经济时代，在国内流行设备运行管理的主要概念是"三修、三养、三查"，三修是"小修、中修、大修"，三养是"日常保养、一级保养、二级保养"，三查是"日常检查、定期检查、专题检查"。对操作者的要求是"三好、四会"：用好、管好、保养好，会使用、会保养、会检查、会排除故障。

近20年来，随着TPS（丰田管理模式）的导入，TPM（全面生产性维护）成为国内盛行的主导模式。国内企业在导入TPM的过程中，又混杂着"三修、三养、三查"和"三好、四会"，简单的拿来主义和继承主义，TPM推行的效果不尽人意。为什么会这样呢？我认为，主要有以下三点（但不限于）原因。

一是没有升级目标。没有思考新形势下，对设备管理要求的改变，设备故障的停机损失远远超越30年前及更早的时候，设备的事后检修与事故检修变得不可接受，设备的零故障运行成为寻求竞争优势企业的必然选择，定修的理念与中修、大修的做法会渐行渐远。

二是没有升级管理模式，仍将焦点集中在能修好和快修好上。设备的零故障运行已从不可能变成可能，从小概率事件变成大概率事件。因为当下装备制造的精度与可靠性极大提升，设备劣化的速度极大延缓，预防诊断的周期得到了延长，为组织预知性的小修赢得了更多的准备时间；并且，设备运行健康诊断的技术手段得到了大幅提升，使设备故障变得可预测与可避免。因此，我们应该将焦点转移到设备运行的诊断与维护上。

三是没有进行必要的知识更新与管理架构重组。没有考虑到设备的大型化、自动化、智能化水平大幅提高后，对人员的知识结构与技能需求发生的改变，用旧时代思维和方法管理新时代的设备，尽管导入 TPM 先进的管理思想，但是设备使用与维护人员的知识结构与所采用的管理概念仍停留在几十年前，其结果是设备现代化了，而运行效率却不如人意，甚至还不如老旧设备质量稳、成本低与效率高。

在介绍设备零故障运行管理模型之前，我们需要一起颠覆一些传统的思维定式。

三修：小修、中修和大修。如果我们在设备运行状态下通过有效的点检能及时识别设备的缺陷与微缺陷，我们就会实现只需要预知性小修，就不需要中修和大修。早期尽管故障检修还不可避免，但通过新的管理理念与方法的实施，我们可以逐步减少故障检修的次数，接近零故障运行。我主持过燃煤电厂和造纸厂的设备运行管理，这些设备具有大型化、一体化、高精化、自动化与智能化的特点。经过设备零故障运行管理的实践，证明取消中修、大修是可行的。定修的概念该扔进垃圾桶了。事实证明，当下设备的加工制造水平已经飞速提升，自润滑与自诊断、自报警已非常普遍，只要做好预防点检，保养到位，不需要所谓一年多次小修，2～3年一次中修，3～5年一次大修。同时，定修的概念会造成过度检修，过度检修对设备也是一种伤害。

三养：日常保养、一级保养、二级保养。设备的大型与自动化，传统的日保让操作人员无法履行，也不需要每班去紧固、校正与润滑。当润滑集成化、中心润滑油站成为产线的重要组成部分，自诊断、自报警技术也逐步得到普及，散点润滑的周期变成3～6个月的时候，操作人员8个小时倒班，你可以想象，谁还记得什么时间要给设备加油给脂？国有企业稍好一些，大多数企业蓝领工人流动性很大，谁能分清哪些是一级保养，哪些是二级保养，在操作人员中又有多少人能真正掌握保养所需要的技能？而且，这种划分方式让操作人员、维护人员、检修人员职责不清，最终，谁都不承担责任。三级保养变成了无人保养，这是设备保养没有主人的重要原因之一。

> 因此，我们需要重新定义日常保养与自主保养，需要重新界定维护保养的职责。

三查：日常检查、定期检查、专题检查。如同三级保养变成无人保养一样，三级检查变成了无人检查。检查的目的是发现缺陷，发现不符合，在设备缺陷还未发展成故障之前采取预知维修。这三项检查本身没有错，但我们今天应聚焦谁对设备预防保养负责。如果我们策划专职点检及消除微缺陷的岗位，大概只需要"专检"和"联检"就够了。

三好、四会：操作人员应"用好、管好、保养好"和"会使用、会保养、会检查、会排除故障"。鉴于以上讨论，操作人员"用好和会使用"是必须的，其他的职责与应知应会也是值得商榷的。我的经验是操作人员能熟练使用设备与排除操作性故障（而不是设备故障），会检查工艺（而不是设备运行参数）就非常好了，只要做到按预期使用设备，全力避免非预期使用设备就很好了，其他是过高要求和不必要的要求。就是要求了，如果做不到，将造成责任空当或盲区，这样会造成更多麻烦。如果你是车工，对车床的润滑、紧固和调整就变成了车工工艺作业的一部分。我们不能将机械制造业的操作人员对设备的"清扫、润滑、紧固、调整和防腐"属于工艺作业的一部分内容来要求非机械制造业的操作人员，这种做法是非常有害的。丰田的 TPM 是对机械制造业的总结，其价值观和管理体系值得学习，但过于简单的拿来主义会造成一些企业水土不服。

以上是最为关键的部分，即行业不同，自主保养的定义与设备维护保养的职责界定与分配应结合行业特点，与产线的特点和员工的知识结构相适应。

设备零故障运行管理模型简介

设备零故障运行管理模型包括策划、实施、监视与测量、持续改进共四个模块。

一、策划模块

系统与过程应被目标驱动，过程策划从目标开始，如图 6-2 中的⑥所示，以终为始，我们以零故障作为过程目标进行策划。策划的内容包括目标（过程的预期输出）、实现的途径（活动）及确认资源需求（输入）。较为普遍的状态是故障频繁，一年故障停机高达十几次，甚至更多；停机时间长，出现故障不能在短时间（几个小时）排除。零故障运行的目标要求极高，它可以激发我们思考，让我们发现与发掘更多的问题，从而使设备运行有机会逐步接近零故障。为此，我们需要定义零故障，并在此基础上策划实现这一目标的路径与方法。

零故障，即设备除工艺备品（如纸机使用的网毯、液压站用油等）寿命到期需要停机更换以外，没有意外的非预期停机。这里包含以下几层意思。

一是外部问题（产线、工厂之外）造成停机不列入故障，聚焦内部因素。

二是操作人员没有违章操作或误操作，没有因不当操作与非预期使用造成设备损坏与故障。

三是设备在运行过程中获得必要的诊断，微缺陷能被及时识别与发现，并在不停机状态下得到在线消缺。

四是不能在线消缺的问题点（缺陷）需要纳入预期停机保养计划，这种停机保养我们称之为预知检修，不纳入故障时间。

五是预知检修（停线消缺）与运行维护（在线消缺）也应

避免人为劣化，停机维护与保养的时间不应被延长。

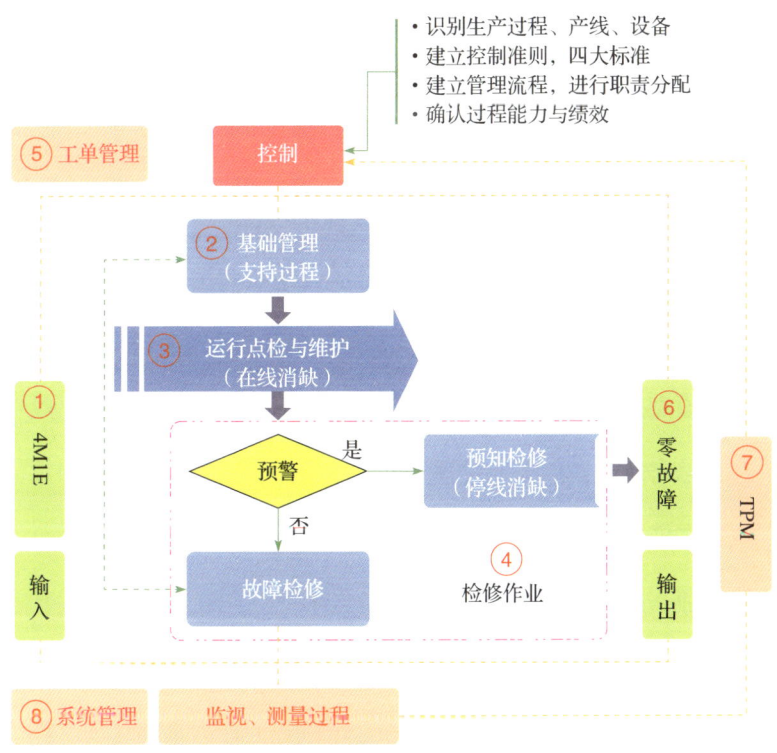

- 识别生产过程、产线、设备
- 建立控制准则，四大标准
- 建立管理流程，进行职责分配
- 确认过程能力与绩效

图 6-2 设备零故障运行管理模型

注：4M1E 指人员、机器设备、物料、方法、环境，TPM 指全员生产保全。

要实现以上目标，自然而然地要求我们做好过程预防和消灭人为劣化。落实过程预防就必然需要策划与实施点检，对设备运行状态进行点检与诊断，及时识别微缺陷与潜在的故障风险。对能在线消缺的部分，立刻动手，如松动及时紧固，漏点及时压盘根，偏斜及时校正，油脂乳化及时更换，漏油点及时修复密封垫与补充油脂，皮带松弛及时调整或更换，等等。对不能在线实施消缺的设备缺陷，有计划地组织预知检修。为此，我们将设备运行点检与维护作为一项极为重要的过程进行策划，如图 6-2 中的③ 所示。

设备运行过程中或多或少地会发生人为劣化与故障，以及自然劣化，我们需通过预知性的小检修与维修保养实现静态恢复，恢复设备及备品的出厂设计状态，为此我们需要策划检修作业，如图 6-2 中的④ 所示。

建立设备运行四大标准及设备台账与履历，梳理易损件及备品，收集与补充相关图纸等，这些我们称为基础管理。为支持设备运行点检与维护和预知检修两个关联过程，我们需要策划基础管理过程，如图 6-2 中的② 所示。

由于各种各样的原因，设备运行一般不太可能直接实现零故障目标，早期会存在比较多的故障检修（事后检修），随着零故障运行管理活动的推动，以在线点检与诊断为主题的预警活动的成功概率会逐步提高，故障检修会越来越少，逐步接近设备零故障运行。既然故障检修是现场一项必不可少的活动，为此，我们将故障检修过程也列入策划内容，将它作为以上三个关键作业过程的补充过程，如图6-2中的④所示。

因此，我们可以将设备运行维护过程策划为三个有一定顺序、相互依赖、相互作用、相互关联的子过程：基础管理→运行点检与维护→检修作业。这三个过程可以进一步分解成若干个子过程，如图6-3所示。

以上介绍了设备零故障运行管理三个主过程的策划，下面将进一步对其进行分解与细节量化。

（一）基础管理

设备基础管理是实现设备零故障运行的支持性过程，博世等跨国公司在这方面处于领先水平，我国国有企业因多年的沉淀，打下了一定基础，但仍有很多的企业对此没有足够的重视。基础管理过程属于标准化的一部分，标准化能力也是组织的基本能力之一。企业应从这些基础工作做起，才有机会通过精益化、信息化走向智能化。

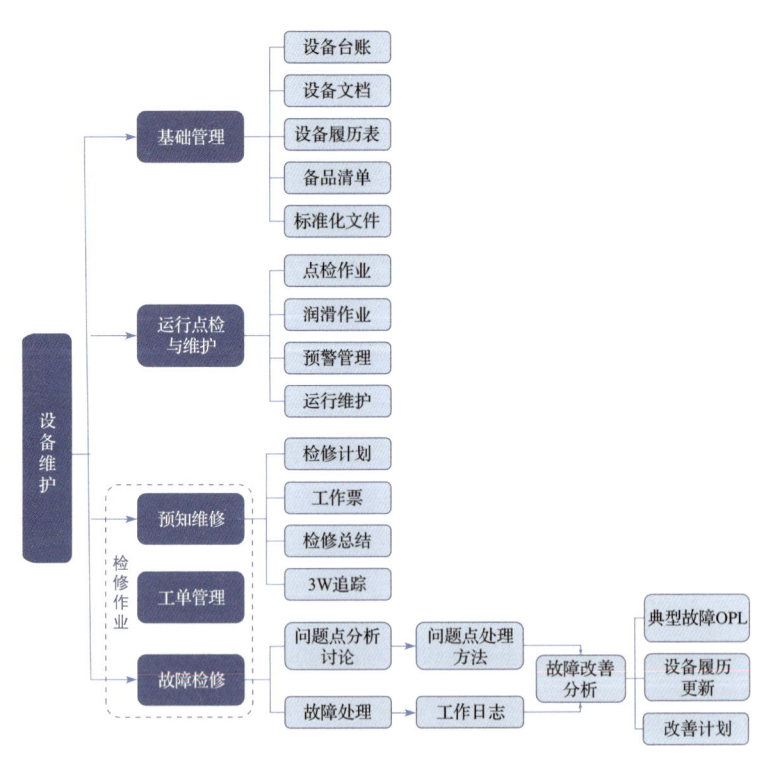

图 6-3　设备零故障运行管理要素分解

设备基础管理的工作目标即基础管理活动的预期输出，它包括设备台账、档案清单、设备卡片、设备履历表等。完成这些目标需要策划将输入转化为输出的活动。这些活动包括但不仅限于图 6-4 中输入与输出方框内所列的内容。

```
输入                           输出
1. 设计院设备表                 1. 设备台账
2.1 供应商提供设备图纸          2. 档案清单
2.2 说明书、初始安装资料
3.1 设备台账          活动      3.1 设备卡片
3.2 供应商提供设备图纸          3.2 易损件图纸与清单
3.3 说明书
4.1 点检维护记录                4.1 设备履历表
4.2 检修记录                    4.2 故障分析报表
5.1 故障的零件
```

图 6-4 设备基础管理过程

图 6-4 展示了设备基础管理过程的子过程，这些过程往往交织进行，相互关联，不同的企业先后顺序会有所不同，同一主管在不同的时间段做事的顺序也不一定相同。

为此图 6-4 仅列出应进行的活动，没有展示过程的顺序与关联。

表 6-1 列出了设备基础管理职责分配，对这些职责的履行应达到以下标准。

表 6-1 设备基础管理职责分配

工作要项		岗位职责	经理	工程师	点检与维护组	润滑技师	操作组
设备基础管理		设备台账	★	●			
	设备档案	设备档案清单	★	●			
		设备卡片	★	●			
		说明书	★	●			
		易损件图纸	★	●			
		设备履历表	★	●	○		
	备品备件	设备备品	★	●	○		
		工艺备品	★	●			○
	标准	点检标准	★	●	○		
		润滑标准	★	●		○	
		检修标准	★	●	○		
		操作标准	★	●	○		○

说明：★领导责任　●主要责任　○配合与关注

设备台账：建立台账并及时记录设备变更情况，设备台账应能识别档案。

设备档案：说明书入档，易损件清单、图纸及时修正补充，履历表及时填写，设备档案应能识别易损件和润滑要求，设备润滑表应清楚明确润滑点、润滑频次与油质要求。

备品备件：识别所有易损件，明确易损件清单，绘制易损件图纸，确定备品备件明细（种类、规格、数量等），识别、记录供应商信息，以方便备件采购。

标准：设备基础管理还应包括设备的点检标准、润滑标准、检修标准和操作标准等。

此外，工程师（技术员）、设备及仪电人员应指导与跟踪仓库备件货架管理，避免误存与误标识。有些企业仓库管理人员的流动性高，一般对一些专业的配件易造成误存、误放、误标识。怎么办？解决的途径有很多，但成本费用支出差异大，我的经验是"让专业技术人员参与货架管理"，成本低，见效快。

建立设备台账与列表中标准化文件需要用流程图与表单相结合的方法，我们可以建立电子台账与表单，应用检索和索引进行文件的共享管理。当企业通过 ERP（企业资源计划）与 MES（制造执行系统）系统建立 PM（设备管理）模块之后，可以将设备基础管理引向信息化与智能化。所有这些标准化是基础，没有标准化就没有信息化，智能化也无从谈起；没有标准化就没有监视测量，就没有检查和评价的标准，改善也无从谈起，精益化也是空中楼阁。

设备基础管理的建模阶段需要收集、总结与提炼企业内外的优秀案例，是一个非常重要的前期过程。通过信息化手段，将标准与流程 e 化，可以将工程师从大量的文字记录与整理的繁重工作中解放出来。工业大数据可以帮助我们不断优化各种标准，如表 6-2 所示，定义链板输送机的润滑量为 30 克，利用工业大数据，通过建模可以不断优化其加油量和时间间隔。

表6-2 链板输送机润滑"五定"记录

润油人：**定人**

序号	设备名称	设备编号	润滑点	点数	润滑油品	加油量	润滑周期	1 日期	2 油量	3 日期	4 油量
1	链条输送机	132-CV-2111	从动轮轴承	2	**定质**	**定量**	**定期**				
			主动轮轴承	2	EP2	30克	3个月				
			减速机	1	XEP 220	视镜2/3	半年				
			链条	1	EP2	抹油	3个月				
2	链板输送机	132-CV-2112	从动轮轴承	2	EP2	30克	3个月				
			主动轮轴承	2	EP2	60克	3个月				
			减速机	1	XEP 220	视镜2/3	半年				
			滚轮	1	机油	抹油	3个月				

（**定点**列标于设备编号列上方）

设备基础管理往往不直接产生价值，因此，很容易被忽视。企业需要花工夫提高自己在这方面的能力。

（二）设备运行点检与维护

设备运行点检与维护过程是设备零故障运行管理的核心过程。这部分包括点检的概念、点检"五定"、点检过程、点检的职责、点检作业标准、点检机制、润滑、运行维护共八个部分。

1. 点检的概念

首先我们有必要深化对点检的理解。点检是检查设备运行状态的符合性与变化趋势，及时识别潜在的缺陷，避免设备故障。缺陷是指能够构成设备故障原因的设备损伤。故障，一般定义为设备（系统）或零部件丧失了规定功能的状态。设备运行的状态应是什么样子，是需要被清晰定义和界定的，它可能是多个指标，有机械物理性能方面的指标，也有工艺运行参数指标。设备运行状态的符合性检查，就是按照标准与现场实际运行参数进行对比，检查其状态是否符合标准。设备运行状态变化趋势更能帮助我们分析与判断设备可能潜存的劣化或者是正在发生的劣化，我们可以借助点检大数据建模对设备进行"智能诊断"和"标准与模型"的再优化。

2. 点检"五定"

（1）定点——一定检查、诊断、测量的位置点。

（2）定法——一定检查、诊断、测量的方法。

（3）定标——一定设备应有的状态标准，如温度标准、振动幅度标准等。

（4）定期——一定两次点检之间的时间间隔。

（5）定人——一定点检责任人。

3. 点检过程

在设备运行与点检维护过程中我们需要策划与实施其中所列的输入、活动与输出内容，但不仅限于这些内容，如图 6-5 所示。

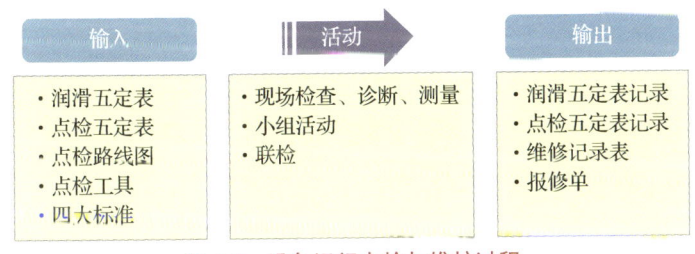

输入	活动	输出
・润滑五定表 ・点检五定表 ・点检路线图 ・点检工具 ・四大标准	・现场检查、诊断、测量 ・小组活动 ・联检	・润滑五定表记录 ・点检五定表记录 ・维修记录表 ・报修单

图 6-5　设备运行点检与维护过程

为了提高点检效率，避免漏项、漏点，我们有必要策划点检线路图。按线路图实施点检，点检路径最优。将点检的标准与方法直接目视化，使点检活动易学、易实施、易被检查。管理者应根据设备及现场要求等策划点检的方式与方法，它可能是人工的，可能是智能的，也可能是人工与智能相结合的。智能的方式在创新中不断发展，此内容将在第十五章介绍。人工方式主要归纳为"望、闻、切、测、问"。

（1）望——用眼睛看运行数据和状态。

（2）闻——用鼻子闻，感触是否存在异常味道，如烧焦味等。

（3）切——用手触摸设备机体，感受设备的温度与振动是否存在异常。

（4）测——用听杆、测温仪、测振仪（笔）等测量工具测量其异音、温度、振幅等。听杆可自制，手持式测温仪和测振仪（笔）可以购买，手持灵巧的移动智能也可以购买，仪听杆、测温仪、测振仪（笔）是最基本的手持工具。

(5)问——问使用者和现场人员在使用设备过程中存在哪些异常,产量、质量、消耗等存在哪些异常,这些异常的背后往往隐藏着设备缺陷。

4. 点检的职责

实施点检活动的职责应被明确。如表6-3所示,我们对设

表6-3 设备运行点检与维护过程的职责分配

工作要项		岗位职责	经理	工程师	维护组	润滑技师	操作组
设备运行点检与维护	相关标准	点检作业标准	★	●	●	●	
		设备点检"五定"表	★	●	●	●	
		点检责任区(线路图)	★	●	●	●	
		点检记录	★	●	●	●	○
		报修单		★	●	●	
	工艺类	跑、冒、滴、漏与粉尘	★	●	●	●	●
		真空		★	●		●
		气压		★	●		●
		冷却水		★	●		●
		汽压		★			●

续表

工作要项		岗位职责	经理	工程师	维护组	润滑技师	操作组
设备运行点检与维护	设备类	机体震动、异音与龟裂	★	●	●	●	○
		转动点震动、异音、温度	★	●	●		
		油温、油压、油色	★	●	●	●	○
		配电室温度、湿度	★	●	●	●	○
		仪表波动异常、不显示	★	●	○		○

说明：★领导责任　●主要责任　○配合与关注

备运行点检的工艺类与设备类进行了适宜的分配，以保证我们策划的职责能有序履行。在一些企业里，表面来看，点检的职责好像都很明确，事实上职责分配并不合理，既有颗粒度（责任单元）偏大问题，又有专业分工过细的问题。这样，既不利于责任落实，又不利于点检人员自身的成长。企业应因地制宜地列出点检的职责，这是一件重要的小事，一件往往被忽视的小事。

格艾管理咨询公司在辅导过程中发现在团队中重构职责

不是一件简单的事。第一，管理层需要对职责重构形成共识，并且，对各个岗位的点检职责条款达成一致性理解；第二，让相关人员对点检职责条款达成一致性理解，并且，在此基础上去行动，在行动中增进理解。

习惯事后检修的工厂，落实表6-3中的职责分配，刚一开始是有顾虑的，抢修都忙不过来，哪还有办法安排专人进行专业点检？而且，随着点检专职进入角色，大量的设备缺陷被识别出来，一时更是增加了检修人员的工作量，人手显得更为紧张。作为总经理和设备负责人，对此需要有思想准备，坚定地排除疑虑。从短期来看，检修人员人手减少了，而维修的工作量确实增加了，大量的维修工作是历史欠账（设备健康管理欠账）导致的，这是一个必经阶段，安排加班或临时外包就可克服；从长期来看，有效的点检活动可以大幅降低检修工作量和设备维修费用。

5. 点检作业标准

点检职责应如何履行，我们需要制定与实施点检作业标准。点检作业标准尽可能图片化与图表化，方便执行，如表6-4所示。

表 6-4 ×××公司变压器点检作业指导书

文件名称	变压器点检标准作业指导书		文件编号		版本版次	
设备名称	变压器		型号		点检频率		标准时间	

序号	通用作业项目和步骤	方法	标准要求
1	查看变压器油温度计	目视	上层油温不能超过85℃
2	检查变压器、吸湿器及手阀	目视	硅胶无受潮变色粉红色现象且手阀处于打开状态
3	检查变压器油位计油位、油色	目视	查看油位与油温对照表。油色淡黄色、透明无杂质
4	目测检查油箱、气体继电器、套管处有无渗漏油	目视	无渗漏油现象
5	测高、低压套管线桩头温度	温枪	运行温度小于105℃
6	看高、低压套管表面的脏污情况	目视	绝缘子及套管无严重的积尘
7	瓦斯继电器视镜液位	目视	视镜满液位
8	听变压器运行声音	听	平稳均匀的嗡嗡声
9	记录填写	写	工整、属实

序号	使用工具 名称	规格	数量
1	测温枪		1根
2	点检表		1份

	注意事项	
序号	内容	
1	变压器运行时禁止用手或物品直接接触	
2	工作时,必须穿戴安全防护用品	

特记事项:故障现象分析

三相油浸式电力变压器

6. 点检机制

无论智能化程度有多高，人工点检一定会部分存在，人介入点检活动是必须的。

如何保证人能自觉地履行点检职责？如何保证点检是有效的？我们需要建立一种机制，让相关人员自觉、主动地投入到点检活动中来，有效地履行点检职责。

点检是一份十分枯燥的工作，往往不直接体现工作成果。生产人员生产出多少产品，成果往往很直接，但点检就不一样，去实施 8 个小时的点检很有可能没有直接的成果。

成果往往让人产生成就感，也比较容易被认可。成就感与被认可是工作动力的源泉。我们有很多机会让从事点检的人员产生价值与成就感，进而被认可。

（1）建立零故障运行台账，进行零故障运行竞赛。

（2）实施设备故障预警竞赛，预警的时间可以是 48 小时，对设备故障提前 48 小时预警会带来两方面的效果：一方面，成就感有了；另一方面，预警提前的时间往往会超过 48

小时。它的奥妙是 48 小时预警，不仅让你留下了消缺的必要时间，更重要的是这一活动促进了点检行为，使预警成为可能。

（3）定期的成果发布会，让当事人上台发布成果，分享成果与案例。

（4）评选"点检之星"，精神奖励优于物质奖励，尽管物质奖励是必要的。

7. 润滑

润滑是设备点检与运行维护过程中极为重要的一项子过程。我们在前面章节中已经讨论过润滑。这里，强调两点：一是职责分配；二是润滑标准应细节量化。

8. 运行维护

所谓运行维护就是在线消缺，将设备点检与润滑过程中发现的问题在不停机的情况下进行缺陷消除。当对设备运行建立了零故障竞赛机制之后，这项工作就变成了维护人员的自觉行为。

小结：点检与运行维护是设备运行管理的核心过程，需要改变以下认知。

（1）点检是检查设备运行数据与状态的符合性，并通过参数与状态的变化趋势分析设备劣化的趋势，从而及时识别潜在缺陷。

（2）需要明确设备管理主管人员和工程师对标准和职责分配策划的主体责任，必要时需明确专职人员负责润滑工作。

（3）运行维护就是在线消缺。

（4）让点检与维护人员在工作中建立成就感有非常重要的价值，通过建立竞赛机制和成果发布等形式可以激发人员的工作热忱和创造力。

（三）检修作业

检修作业包括预知检修与故障检修。策划维修工单作为检修作业管理的工具。

我们通过点检活动建立故障预警机制，当预警成功时，我们有机会策划预知性检修活动，它将一般的计划检修升级为对潜在缺陷与故障风险进行消除的计划性维修活动。当预警失败时，故障检修不可避免。无论是预知检修还是故障检修，我们都应建立细节量化的流程与标准。否则，延时检修与重复检修就成为普遍现象。

1. 预知检修

预知检修过程应包括输入、活动与输出所列内容，但不仅限这些内容。我们应重点策划检修计划、检修活动、检修总结三项活动，如图 6-6 所示。

输入	活动	输出
·问题点 ·工具 ·专业人员	·检修计划 ·检修活动 ·检修总结	·设备静态恢复 ·后续改善3W表 ·培训考核

图 6-6　预知检修过程

一是检修计划。检修计划是预知检修的首要活动，也是需要策划的，策划的内容如图 6-7 所列输入、活动与输出内容，但不仅限这些内容。

输入	活动	输出
·点检报修单 ·问题票与提案卡 ·KPI不良 ·平行部门协助事项 ·周期性维护 ·技术革新或改善	·会议评审 ·小组活动	·检修计划 ·备件需求清单 ·检修方案

图 6-7　检修计划

二是检修活动。检修活动是预知检修的主体活动，它也是需要策划的，策划的内容如图 6-8 方框中所列输入、活动与输出内容，但不仅限这些内容。

输入	活动	输出
·检修计划 ·检修工具 ·检修所需备件 ·检修方案、标准 ·两票三制	·小组活动 ·检修人员培训 ·检修过程辅导、检查 ·检修结果确认	·设备静态恢复 ·检修记录

图 6-8　检修活动

检修活动的关键是做好职责分配。以上输入、活动与输出是需要进行明确的职责分配的，表中所列分工只是一个粗线条，需要用《岗位职位说明书》进行细节定义。这些是检修活动的后台，呈现在前台的是各个检修工作组，工作组的任务是一日一调度或一事一调度。

表6-5列出了预知检修职责分配，对这些职责的履行应达到以下标准。

（1）"不打无准备之仗"。在加强设备基础管理和严格点检与维护的基础上有计划、有准备地进行。

（2）检修计划从异常问题的识别与梳理入手，多采用层别法、5why法和头脑风暴法。

（3）做好备品、工具和检修技术方案准备。

（4）明确项目的实施起止时间和责任人（3W）。

表 6-5 预知检修职责分配

工作要项 \ 岗位职责		经理	工程师	预知检修组	操作组
设备检修作业	检修计划	★	●	○	
	检修标准、检修工作票	★	●	○	○
	检修记录	★	○	●	○
	检修总结	★	●	○	

说明：★领导责任　●主要责任　○配合与关注

三是检修总结。检修总结是预知检修的重要活动，总结的过程是一个让管理形成闭环的复盘的过程，往往被忽视，它更是需要策划的，策划的内容如图 6-9 所列输入、活动与输出内容，但不仅限这些内容。

输入
- 设备静态恢复效果
- 检修计划项目完整性
- 检修亮点与不足
- （重复检修与延时检修项目）

活动
- 小组活动

输出
- 检修总结
- 后续工作3W表
- 培训宣导
- 跟进改善

图 6-9　检修总结

2. 故障检修

尽管故障检修是不得已的被动过程，但我们还是要主动去策划故障检修，使突发的故障能得到有序的应急处理。为此，我们应策划以下三项活动：建立设备突发应急处理规范、组织紧急故障处理、故障分析总结。

一是建立设备突发故障应急处理规范。有效的设备健康管理可以帮助我们让设备运行逐步接近零故障，但在这一进程中我们不得不面对突发故障。对突发故障建立处理规范，可以提高组织的应急响应能力，案例一可以作为策划参考，重点是明确职责与流程。

案例一　×××造纸公司设备突发故障处理规范

一、目的

规范抄纸部设备的故障处理步骤，缩短故障处理的时间，减少生产设备的非故障停机时间。

二、范围

适用于抄纸工务部。

三、定义

无。

四、职责

主要职责如表 6-6 所示。

表 6-6　主要职责

序号	主要部门和人员	主要职责
1	经理	① 把设备的故障情况实事求是地向上级汇报 ② 召集技术力量分析和确定引起设备故障的原因 ③ 协调处理故障所需人员，注重部门间的协作 ④ 自身不能解决的问题，联系相关的外部技术人员 ⑤ 督导班组做好故障记录，相关工程师做好故障分析记录和更新设备履历表，对典型故障 OPL 形成标准化文件
2	工程师	① 接到班组通知后 15 分钟内应赶到现场 ② 判断故障发生的原因，提出解决问题的方案 ③ 安排好处理故障所需人员、配件，明确安全注意事项 ④ 不能解决的问题应在到场后一个小时内通知经理 ⑤ 做好故障分析总结，对典型故障制作典型故障 OPL 处理标准作业指导书

续表

序号	主要部门和人员	主要职责
3	班组长 轮班技师 维护技师	① 接到故障维修通知后5分钟内赶到现场 ② 判断发生故障原因，及时处理能独立完成的部分 ③ 在无法独立判断故障专业类型时，故障发生起30分钟内通知相关责任工程师 ④ 重大故障（停机或重要设备故障）直接通知经理 ⑤ 在值班记录中做好故障现象、处理方法、结果，以及所用配件的型号、数量的记录

五、流程及内容

流程及内容如表6-7所示。

表6-7 流程及内容

序号	主要部门和人员	流程步骤	说明
1	班组长 轮班技师 维护技师	设备发生故障	① 根据故障情况判断是一般性故障还是重大故障，一般性故障是否能独立解决 ② 重大故障直接通知经理
2	班组长 轮班技师 维护技师	班组处理过程	① 班组长能独立解决的故障自行解决并做好相关的维修记录 ② 班组长不能独立解决的故障，在故障发生30分钟内通知相关工程师到场

续表

序号	主要部门和人员	流程步骤	说明
3	工程师	工程师处理过程	① 及时到达现场，根据故障现象分析和判断故障原因 ② 提出合理的方案，组织安排人员快速、有效地处理设备故障 ③ 认真做好故障原因及处理流程的记录，事后应当做好故障的分析总结 ④ 不能解决的问题，详细记录故障现象及故障处理过程，在一个小时内通知经理
4	经理	经理处理过程	① 工程师根据现场实际情况向上级汇报 ② 组织技术力量分析和判断原因，协调各个部门进行协作处理故障 ③ 利用电话联系外部技术力量，共同会诊设备故障原因
5	经理 工程师 班组长 轮班技师 维护技师	故障处理完成总结	① 对故障原因进行分析、总结和记录，做好预防措施 ② 分析总结重大故障后，报上级签字存档 ③ 对典型故障制作典型故障处理标准作业指导书

一是组织紧急故障处理。对于那些常规故障，相关专业

人员可以参考相应的故障作业指导书（故障处理代码及资料）进行故障及时修复，如设备故障复位处理。

对于那些非常规故障，根据《设备突发故障处理规范》所述按职责和流程进行处理，组织相关人员进行故障分析和讨论，必要时请求外部技术资源支持共同会诊设备故障原因，最终实现故障修复。

三是故障分析总结。各专业工程师（必要时由上级或更高管理者）组织相关人员对相关故障进行分析和总结。

将那些改变其原有设计就可以杜绝该类故障发生的故障点列入计划检修。

对于那些典型故障点，制作典型故障OPL（One Point Lesson，单点课程），便于相关人员快速处理故障，降低因故障停机的时间。

对于故障应建立台账，台账包括故障发生的机台、区域、部位、类别、故障原因、次数、检修时间等，并在此基础上做故障分析。

3. 维修工单

无论是预知检修还是故障检修，我们都可以用维修工单的方式对每项检修活动的"输入、活动、输出"进行有效管控，建立电子档案，相应的设备履历、备品台账、故障工时台账、费用台账、备品申购计划等自动更新。当生产单元的异常触发维修系统后，启动维修计划，工单计划获得生产主管批准后，与此同时协调备品备件资源，当执行维修计划结束后，由生产主管确认是否关闭维修计划，如图 6-10 所示。在这一过

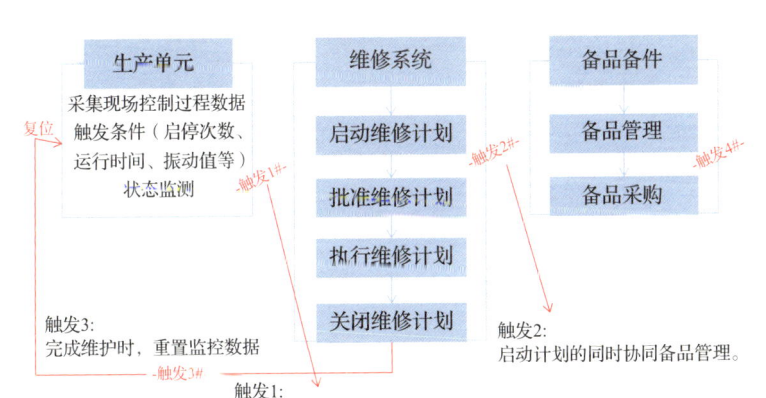

图 6-10　维修工单活动管理

程中自动更新和记录故障、备品维护人员等数据。这些成为工业大数据产生智慧的基础，成为标准、体系、模型等不断优化与持续改善的基础。检修作业成为改进过程的输入。因此，我们应策划关于设备运行管理持续改进的过程，将智能管理与智能制造作为目标来策划设备运行管理体系。

检修作业包括预知检修（主动维保）与故障检修（被动救火），我们应将检修作业由被动应急状态改变为主动科学状态，建立细节量化的流程与标准成为必要。这些流程与标准包括预知检修和故障检修过程策划、职责分配、作业标准，以及持续改进过程策划等。

二、实施模块

建立设备运行标准化管理体系的目的是让设备运行这一重复的过程能够稳定、持续地再现结果，这一结果就是产线的过程能力、过程绩效与周期时间。以设备零故障运行管理模型建立设备运行管理组织，明确各岗位人员的管理区域与职责。

工程师按图 6-4 输出设备台账，以及档案清单、设备履历表、易损件图纸与清单、设备管理的四大标准（点检标准、润滑标准、检修标准、操作标准）等，为现场的设备稳定运行提供后勤保障，为设备运行点检与检修人员提供技术支持。

设备运行点检维护组按点检作业标准实施点检作业，通过清扫活动与现场设备"望、闻、切、测"的亲密互动，及时发现设备的微缺陷并整改，形成维修记录。对因技术能力或资源不足而不能解决的问题申请工程师与检修组协助。把需停机处理的问题列入待停机检修计划清单。工程师依据维修记录的信息更新设备履历，并半年对维修记录进行一次分类归纳、分析，评估现设备的运行状态与维护人员的作业水平，找出接下来工作的方向。工程师对点检维护人员反馈的待停机检修的项目进行现场评估，确定要停机检修的，工程师应准备备件与制定检修方案。

检修组除了对运行点检维护组反馈的问题进行检修外，还要承担设备的改造与停机预知检修，同样把维修记录交给工程师，工程师也要对维修记录进行分类、整理、分析，并录入电脑系统。

在经过认真、仔细的过程策划后，建立设备运行管理标准化体系，实施设备运行管理，有助于提升我们实现目标的能力。

三、监视与测量模块

我们需要对设备运行的结果（过程输出）、运行过程与过程输入进行持续的监视与测量，应建立测量的指标与频次，落实责任人。运行的点检活动仅是对过程进行监视与测量的一部分，尽管它是极为重要的一部分，但并不是监视与测量的全部。

表 6-8 列出了对设备运行过程的监视与测量，在实施运行点检作业时，点检人员对工程师编写的标准进行评审，发现问题及时提报工程师进行修改。工程师有自己的设备点检记录表，把工程师的点检记录与现场运行点检人员的记录进行比对，对出入大的项目及时分析和整改。检修组通过检修总结对延时检修、重复检修的项目进行分析，同时对检修工作中的亮

点进行总结提炼，不断提升团队的作业技能。

表 6-8　设备运行过程的监视与测量

项目			频次	实施人	监督人
输入	人		月	参考职位说明书	参考职位说明书
	机		日、周、月、年		
	工具		日、周、月		
	物料		周、月		
活动	润滑活动		日、周、月、年	参考职位说明书	参考职位说明书
	点检活动		日、周、月、年		
	检修活动		周、月、年		
	故障分析		周、月、年		
	基础管理		周、月、年		
输出（结果）	设备缺陷		周、月、年	参考职位说明书	参考职位说明书
	设备故障	次数	周、月、年		
		停机时间	周、月、年		
		故障费用	月、年		
	设备维保总费用		月、年		
	设备总效率		日、月、年		
	能源成本		日、月、年		

四、持续改进模块

设备零故障运行管理模型是需要不断完善与持续改进的，设备及设备运行的管理活动也是需要持续改善的。我们在策划设备零故障运行管理体系的过程中也应同步策划关于持续改进的过程，以及如何实施持续改进的过程。

在这里，我们需要重点说明这一模型是如何帮助我们解决一些管理瓶颈的。

在前文，我们详细解读了过程控制的四个方面：识别生产过程、产线与设备；建立控制准则、四大标准；建立管理流程，进行职责分配；确认过程能力与绩效。重点是零故障运行需要的管理过程和职责分配。"基础管理过程→运行点检与维护过程→检修过程"形成闭环，三个有一定顺序、相互依赖、相互作用的子过程构成设备运行管理这一大过程。基础管理为运行点检与维护、预知检修提供标准、图纸、易损件等支持。运行点检与维护的输出作为检修计划的重要输入，在检修过程中可以补充对易损件的识别和图纸等。推动这一封闭循环过程的持续改善，为各岗位人员工作优化提供支持，我们就有机会接近或实现零故障运行目标。

将设备运行管理拆分为"基础管理、运行点检与维护、检修作业"三个子过程，就是将复杂的设备运行过程管理简化了，而且极大简化人力资源的要求，也让培训变得简单。我们可以策划一下人员成长路径：例如，机械工程师负责基础管理，他大学毕业后，被分配到点检组实习一年。期间，他就有机会熟悉产线全部设备和工艺，再跟资深工程师做两年左右的助手，他就可以独当一面了。

点检组长可以是中专及专科文化，做点检组和检修组两年左右助理工作即可独立担任。

检修组长可以从检修三年以上资深师傅或点检组长中产生。

这样一来，机械部分人才梯队很容易形成，而且工程师、检修组长、点检组长这三人的工作可以互相支持。即使有一人离职，相近岗位可以相互补位，补充人手也比较容易，这样的团队就会有战斗力，团队就不会产生超级牛人。

我们再来看看电气与自动控制的部分，对大型化、自动化、成套化比较复杂的工厂，可设置电气工程师1名，负责强电（外电接入部分）和电机拖动；配3～5名电工（规模大可以配5～10名），负责电机及低压配柜运行点检和消除缺陷；配计算机工程师1名，负责DCS和仪表。产线较多（4条以上）时，可以单独设置仪表工程师1名至数名；设置传动工程师1名，负责整线控制逻辑程序，负责电气、仪表、计算机各个专业整合及接口部分。按电力法规要求，高配室、低配室和传动控制室均需要独立配置专人值班。我们的经验是，人员配置过多会造成浪费，三室集中配置两个人即可，配置两个人是出于应对作业时一人操作一人防护之需，是安全保障之需。如同以上机械部分，人员培养可把电工、值班人员作为最基层，到仪表工程师、电气工程师，再到计算机工程师，最后到传动工程师，形成梯队。某一工程师离职也可以让相邻工程师临时分担其职责，条件成熟时从电工和值班人员（技术员）中择优提拔晋级。同样，团队培养与组建比较容易，团队中没有超级牛人存在的土壤。

值得一提的是，尽可能让生产系统的设备维护与检修人员（包括工程师）参与设备安装与调试，这是让新手成长的有效途径之一。

在有些公司，安装与运行团队截然分开，其结果是，负责安装的工程技术人员只会看图纸，无法理解设备运行维护与检修的要求。生产系统的维护与检修人员有很多想法与主张，却没办法在工程设计与安装阶段去实施，也无法通过安装工作熟悉产线与设备。

第六章阅读导图

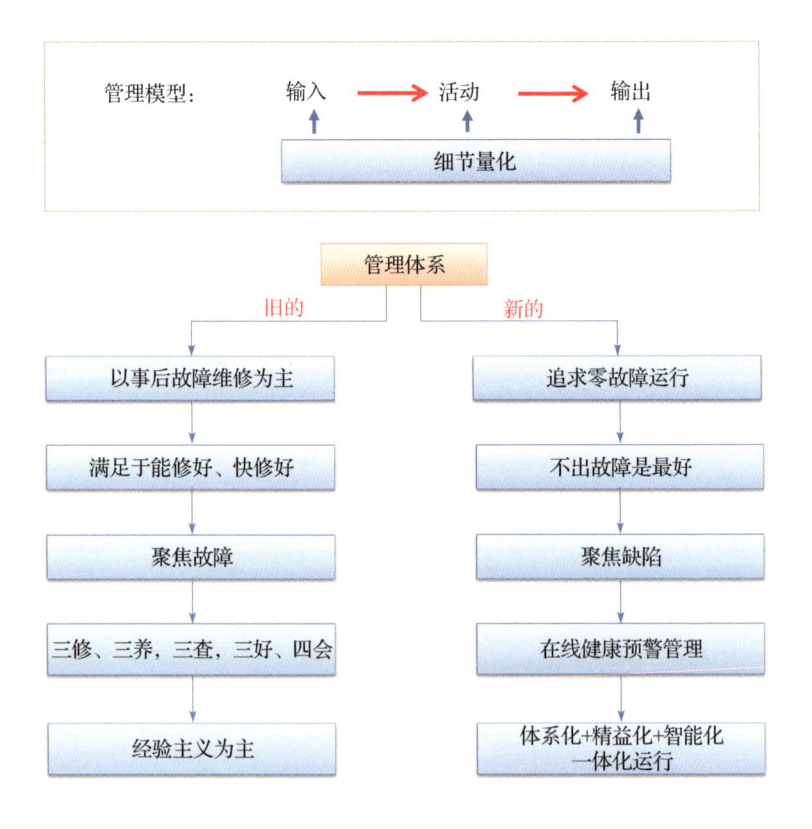

管理模型: 输入 → 活动 → 输出

细节量化

管理体系

旧的:
- 以事后故障维修为主
- 满足于能修好、快修好
- 聚焦故障
- 三修、三养、三查、三好、四会
- 经验主义为主

新的:
- 追求零故障运行
- 不出故障是最好
- 聚焦缺陷
- 在线健康预警管理
- 体系化+精益化+智能化 一体化运行

第七章

重 构

重构什么

阅读到第六章，读者可能会有点晕圈，在这里，我们需要回头看看，前面六个章节我们讨论了什么？

第一章《是谁搞砸了》，混乱不受控的现场引发思考，是谁搞砸了？

第二章《故障之源》，剖析了故障产生的原因，为后面的治理埋下了伏笔，为后面确定设备零故障运行目标开启了价值观重构。

第三章《稳住基本盘》，以总经理的视角识别优先事项是稳住基本盘，系统介绍了稳住基本盘的方法与步骤，为重构赢得时间与精力。

第四章《为设备找主人》，科学、合理的职责分工看似简单，却是设备故障的首因。为此，重构从职责开始。

第五章《不要考核员工理解力，写好用的标准》，人人都想成功，没有好用标准的支持，员工常受挫折。标准化能力是卓越组织的重要能力之一，却往往停留在应付而不实用，应付外审，应付检查。为此，标准的重构是一项重要而又紧迫的工作。

第六章《设备零故障运行管理模型》，介绍了一种自主知识产权的设备管理模型。商业顾问刘润说："普通人改变结果，优秀人改变原因，顶级人士改变模型。"说的是模型重构的价值。模型的重构就是体系的重构。现实是：或许本就没有体系，或许仅有一个支离破碎的体系，或许还好有一份旧价值观下的陈旧的、不合时宜的体系。本章跨度比较大，向读者推送的是一个全新价值观引领的按"输入、活动、输出"过程方法构建的结构严谨的管理体系。在阅读与理解第六章时需要将原来的业已存在的思维定式放在一边。完成体系的重构不容易，我们还是用"U型理论"来剖析一下体系（模型）重构过程。

人们比较容易关注、接受与理解陈旧的、习惯的思维与方法，因为这些内容已经占据了心智，对于新兴的、关注圈之外的，特别是复杂的思维与方法难以理解和接受。已经习惯设备出现故障，或者经常出现故障，这样一来，能修好设备与能快修好设备就被认为有本事。在这样的氛围下，个人经验与能力显得尤为重要，个人占据设备技术资料，维修案例留在当事人那里，体系和标准也就不会将优秀实践沉淀与呈现，经验主义盛行，个人英雄主义盛行，牛人不得不被重视与重用，设备运行就形成了一种理所当然的闭环。当你打破了传统的思维定式之后，建立设备是可以做到或者接近零故障运行的认知，自然而然地将焦点从故障转移到缺陷，这就带来了方法的改变与改善，标准的改变与改善，诊断工具与方法的改变与改善，从个人能力到组织能力的改变与改善，从思维变到行为变，从行为变到结果变，一种新的闭环就形成了。在新的氛围下，团队被推崇，组织能力被重视，让设备不出故障那才叫本事。这是一种心智再造。我们用 U 型图呈现，如图 7-1 所示。

忧虑制造	反应	无忧虑制造
故障不可避免	重组	故障可以避免（零故障运行可行）
能修好、快修好	重设	不出故障是最好
依赖能人、"牛人"	重构	依赖系统、组织
聚焦故障	再生	聚焦缺陷
		通过健康检查、管理识别缺陷，防止发生故障

图 7-1　设备运行管理思维重构

如何重构

由于旧习惯、旧思维的干扰和对新模式从价值观到方法论的理解需要在实践中加深，从旧局面到新局面会面临一些困难，我们不能低估这些困难，需要用变革管理的思维和方法克服这些困难。根据我作为制造总经理和变革顾问两种身份推动设备零故障运行 10 多年的案例分析，我将关键步骤罗列如下。

第一步，确立变革愿景并在组织内充分沟通。为什么要进行设备运行管理变革？无忧生产和零故障运行为什么是可实现的愿景与目标？在商业红海中，无忧制造、柔性制造与智能制造是如何赢得竞争的？这些需要在团队中得到充分沟通。在这里，我的用词是沟通而不是宣传，因为宣传是单向的，由上而下，似一阵风；沟通是双向的，尽可能获得一致性的理解，形成"因为相信，所以看见"的大势，树立目标必达的决心和意志。

第二步，成立变革领导小组，建立强有力的推行机构。制造部门的一把手或者企业组织的一把手应作为组长领导设备运行管理变革，将具有良好变革意愿的人纳入变革领导小组。

第三步，发动全员参与，特别是基层员工参与。组长应识别关键的责任相关方和利益相关方。设备保养好，工作更轻松、更有效率，基层员工更喜欢。设备故障多，紧急外协多，紧急采购增加，审批、报批工作量增加，与该流程相关的人不喜欢。另外，牛人不喜欢，他们的地位和不当利益可能受损。发动全员参与的方法是将设备零故障运行管理体系的建立与精益 TPM 改善活动结合起来，同步推进，通过全员竞赛将员工的内在热情激发出来。

第四步，将大目标拆解为可实现的小目标，积小胜。仅"故障维修的工时与费用是预知维修的 20 倍 + 备品备件库存降低 50% 以上 + 维修费降低 50% 以上 + 故障停机减少 70% 以上"这几项，我们就没有理由不变革。阻力往往来自对目标与方法的质疑，目标是否切合实际，方法是否可行。用一个又一个的小胜来消除质疑。从旧局面到新局面是一个曲折而又缓慢的过程，实现新局面是大胜，但大胜在未来（快则两至三年，慢则三至五年）而不在眼前，一个又一个小胜可以很好地鼓舞士气。

第五步，推动智造。在重构价值观与体系的基础上，推动精益 TPM 实现现场穿越，并适时推动智造实现整体跨越，用软件来固化行为。在第三篇《智造》中会介绍 ZTPM 管理系统（软件）应用案例。

第六步，打造追求卓越的文化。习惯和理所当然是变革的思想障碍，它会蒙蔽人们的双眼，让人看不到问题。追求卓越会让团队提高标准，问题就会浮出水面。问题是改善的契机，没有问题就没有改善。向内外部标杆学习，有利于变得卓越。

重构体系与标准还会面临写作能力不足的现实困难。没有经过专业训练，大多数人是不善于写管理文件与作业文件的。这需要对体系和文件结构的学习与理解，接受结构化思维训练。这时，可以融智借力，聘请外部顾问手把手地教。

没有导入精益管理的企业，以上第三步也是需要精益TPM顾问师介入。

顾问师是企业可以借用的资源，而不是成本。

第七章阅读导图

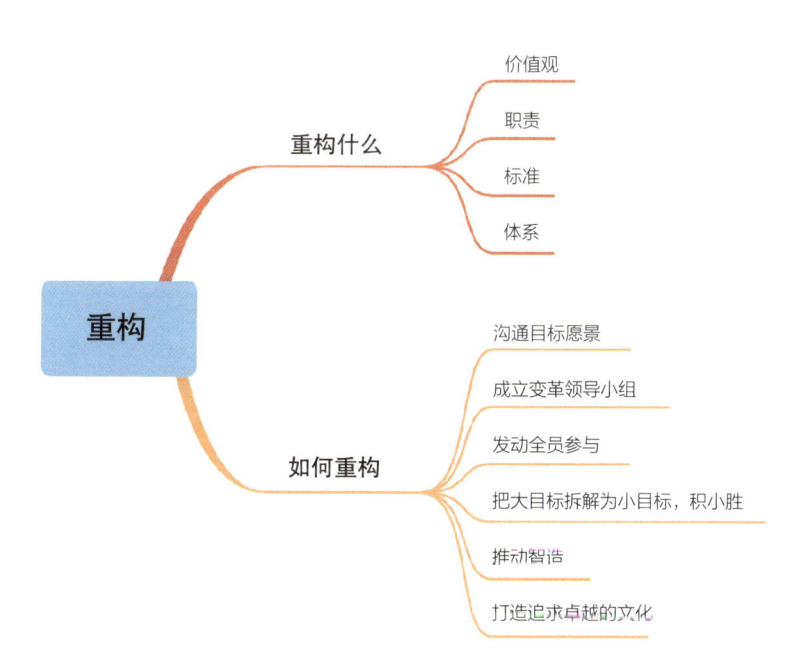

- **重构**
  - **重构什么**
    - 价值观
    - 职责
    - 标准
    - 体系
  - **如何重构**
    - 沟通目标愿景
    - 成立变革领导小组
    - 发动全员参与
    - 把大目标拆解为小目标，积小胜
    - 推动智造
    - 打造追求卓越的文化

本篇小结

```
         ┌── 乱象      第一章  是谁搞砸了
         │
         ├── 原因      第二章  故障之源
         │
重构 ────┼── 治标      第三章  稳住基本盘
         │
         │            ┌ 重构职责    第四章  为设备找主人
         │            │
         └── 治本 ────┼ 重构标准    第五章  不要考核员工的理解力，写好用的标准
                      │
                      ├ 重构体系    第六章  设备零故障运行管理模型
                      │
                      └ 重构价值观  第七章  重构
```

（1）设备运行管理的混乱是造成现场乱象的主要根源之一，设备管理是现场管理的"牛鼻子"工程，抓好了设备，一切都主动了，反之，陷入被动救火式的管理是不可避免的。

（2）重视对设备的投入，扩大产能，不如做好设备管理，提高设备产出。在设备运行管理方面多投入，它可能成为你制造的核心竞争力,让你在同质化的状态下超越竞争对手。

(3)本篇从乱象出发,探寻故障之源,前四章是从现场出发,从行动上去解决现场紧急的问题,通过稳定基本盘、为设备找主人等活动为设备运行管理的提升赢得时间与精力。后面的两章即第五章和第六章,用一个全新的视角重新定义了设备运行管理,给出了设备运行管理模型,以及写好用标准的方法。

设备运行管理模型 + SOP = 设备运行管理体系

上面的公式告诉我们建立设备运行管理体系的方法,我们在这两章中详细介绍了设备运行管理模型背后的价值观与逻辑。《不要考核员工的理解力,写好用的标准》这一部分,为读者建立设备运行管理体系提供了模板,并介绍了这些模板背后的思考与逻辑。以上这些,对读者建立其他的管理体系也是有益的。

(4)设备运行标准化管理模型将焦点集中在设备运行的点检与维护而不是故障检修(事后检修)上,我们将设备的基础管理、点检与运行维护、检修作业作为三个相互关联的主过程进行策划，将故障检修作为检修作业过程的补充过程进行策划。设备标准化运行管理模型展示了以上几个过程之间的逻辑关系，设备标准化管理要素表展示了以上几个主过程所包含的（但不仅是）子过程，以及这些过程与子过程的相互关系。理解了以上这些有助于管理者建立结构性思考，有助于各专业人员有序开展工作。

（5）在介绍设备运行标准化管理模型时，我们和读者一起分析了"大修活动为什么与我们渐行渐远"和"定修理念为什么可以被扔进垃圾桶"，为什么要打破这些设备管理的思维定势。这一革命性的思维颠覆了传统思维，值得读者推敲与深思。

（6）本篇《重构》，重构什么呢？如何重构？重构的难点是什么？第七章整体梳理一下。重构价值观，重构职责，重构标准和体系。价值观重构及如何重构贯穿于本篇所有章节中。难点是标准和体系的重构，这需要结构化思维的训练。

| 第二篇 |

PART 2

穿越

　　建立设备运行管理体系，还需要通过管理活动与精益改善活动让这一体系得到应用，并在应用过程中不断完善。我们通过追求卓越，打造卓越现场，来逐步接近或者实现零故障运行目标。2～3年后，你和团队回首时会有一种穿越时空的感觉，一种将高山踩在脚下的成就感。哇，一个全新靓丽的现场将会呈现在你面前！

第八章

目标的价值

彼得·德鲁克之惑

1941 年，彼得·德鲁克被派往通用汽车公司做管理顾问。他在进入通用汽车做管理咨询前就耳闻通用汽车劳资关系紧张，他想，这会影响士气。当他进入公司后发现，员工士气非常高涨，工作时都非常积极主动。1945 年 5 月，欧洲战场战事结束了，同年 11 月，通用汽车公司爆发了大罢工。德鲁克先前的耳闻错了吗？工人为什么要罢工？为什么战事一结束工人就罢工？经过几年的调查分析与思考，德鲁克找到了答案："二战"爆发前，通用汽车公司的劳资关系就紧张，劳资双方互不信任，资方甚至派特务打入工会，收买工会领导，资方不接受工会方面提出改善工人福利（包括劳动保险）的诉求方案。战时，由于盟国有一个共同的敌人——轴心国，为了打败轴心国对世界的侵略与屠杀，通用汽车公司除制造军用卡车外，还制造装甲车、坦克等战争物资。工人们关注共同的目标，由于这一目标鼓舞着全社会，当然也包括通用汽车公司的工人，所以德鲁克看到了火热、高涨的生产现场。战事结束了，共同的目标没有了，一切又回到了从前，劳资关系的根本问题——工会提出的福利诉求方案又被提上议事日程，罢工就来了。

德鲁克还研究了其他案例，并于1950年发表了目标管理的著名论说。20世纪50年代以来，目标与愿景的价值被全球企业界认可，成为激发人们内在动机与工作热忱，创造性和积极性的重要管理原则。这一原则包括具体的（Specific）、可度量的（Measurable）、可实现的（Attainable）、相关联的（Relevant）、有时间限定（时间节点）（Time-based）五项具体原则，简称Smart原则。

目标管理已被普遍应用，但我还要强调，目标的设定是有技巧的，较高的目标能使问题得到凸显，使潜能得到挖掘。因为问题是现状与目标的差距，所以，目标过低，差距很小，哪里会意识到问题的存在，既然没有问题，一切都好，为什么还要挖空心思去改善呢？不好的目标会造成负面效果，过高过低的目标都不合适，过低看不到问题，过高没有信心，自然会放弃努力，甚至会让团队处于挫败感之中。

如何认识目标的价值，如何设定目标，如何发挥目标管理的价值呢？下面我们作一些具体的探讨。

游戏为什么有吸引力

作为家长，我们聚在一起时，经常会谈到孩子怎么会痴迷游戏不能自拔，相互探讨管束孩子的良策。

相当一部分成年人是工作的主力，他们也经常沉浸到游戏中，把游戏作为放松的一种方式。

游戏公司曾发现一个奇怪的现象，游戏的主要收入来自一些小游戏，来自对过去的这些小游戏的翻新。相反，一些大游戏，公司投入更多，但玩的人相对很少，收入与投入不成正比。

从以上现象中，作为管理者，你能得到什么启发？

我不怎么玩游戏，但我的儿子自从小学四年级开始玩游戏，五年级到初中差不多达到痴迷的程度，家长总是想办法减少他上网的时间，但他会偷偷去网吧。

我想，能让他痴迷一定有道理，就陪他玩。通过和儿子一起玩游戏，我悟到了游戏吸引人的秘诀：在放松中让人有成就感！晋级与比赛能让人产生成就感。受此启发，我们推动设备点检有了新方法——进行设备零故障运行竞赛，让点检人员有成就感，把零故障作为工作目标。

小游戏比大游戏更容易让人产生成就感，这就是小游戏收入高的原因。玩的人多，收入自然高。

把不可能实现的大目标拆解成可以实现的小目标

作为总经理，你给下属定下设备零故障运行的目标，多数人只是听听，因为他们内心在想：可能吗？尽说大话！我们为什么不站在员工的立场想一想，这件事情该怎么做？故障对我们的伤害很大，是生产现场一切被动的根源。总经理讨厌故障，其实，员工也不喜欢故障，增加了工作量，增加了返工，降低了产出，提高了消耗，减少了奖金。但是，怎样避免和消灭故障，让生产线无限逼近零故障，这是管理者应思考的。

我的经验是将看似不可能实现的大目标进行细节量化，拆解成不同职能、不同时间段的子目标，将目标拆解成"目标表"，当这些小目标具有可执行性时，问题就解决了。表 8-1 中所列故障时间表明，当你的产线一时没有办法做到零故障运行的时候，你可以制订一个比较小的但通过努力可以实现的阶段性目标，允许故障停线时间为 8 小时或更少的时间。

点检与维护组应抓住停机机会对一些需要停机点检与消缺部分进行同步作业。在生产与检修组计划时间之外造成的停机与延时，均计入故障时间。

事实说明，目标产生动力，小目标激励效果更好。

表 8-1　×××公司零故障运行目标分解表

单位：小时/月

车间	专业	计划停线时间	故障停线时间
一车间产线两条	生产专业	8	0
	机械专业	4	0
	仪电专业	4	0
二车间产线4条	生产专业	16	0
	机械专业	8	0
	仪电专业	8	0
三车间产线6条	生产专业	24	0
	机械专业	8	0
	仪电专业	8	0
合计	生产专业	48	0
	机械专业	24	0
	仪电专业	24	0

为了鼓励点检组通过有效点检对故障进行预警，我们定义：提前48小时能预警故障，而采取计划停机消缺的则不纳入故障时间。当点检人员为实现零故障而主动点检，而且随着技能的提高，他们预警故障时间大大提前。曾经一名点检人员预警电机轴承轻微磨损，整整提前了两个多月。预警出来后，

他每天去仔细点检，查看进程是否恶化与劣化。这样一来，极大减少了停机次数，并降低了备品库存。他们的有效预警为设备备品采购留足了时间，可以少备库存。

当分三个专业班组拆分指标，并建立预警制度和零故障竞赛，连续运行 90 天以上时就给予奖励。

为什么是 90 天呢？因为时间太短，很难看出成效，90 天这个时间周期则可以反映一些事情的本质。时间周期太短，可能未暴露问题，这样获奖，失去奖励价值。当他们追求 90 天时，180 天、360 天零故障运行就可以实现。越到后面，点检人员越用心，越有成就感。一位维护组长儿子结婚休假 5 天，他提前 3 天会将设备全部点检与消缺，并仔细交代助手，应盯住哪些可能出现问题的设备，他才放心地离开现场。

在行动中产生成就感

制订目标之后，开展竞赛，每天更新竞赛进展，在通道处上墙，让员工与领导都能看到。

在执行过程中，我们需要清晰定义竞赛规则，及时统计故障时间，及时准确界定故障责任班组。当机电两个专业或机电与生产分不清责任班组时，相关关联班同时计算故障时间，这种情形尽管较少，还是会出现。这样规定清楚之后，竞赛活动简单易行，每天在更新记录，成就感就在行动中产生。因此，将各个专业、各个班组的故障时间与责任界定清楚，做到简单、及时、上墙，每一环节都非常重要。如果不能及时反馈结果，等几天甚至月底之后员工才知道结果，其激励作用就会差得非常多。

反馈是夺标的早餐，竞赛活动是一种更为有效的反馈。让员工在行动中产生成就感，及时反馈成就，它会让员工享受目标价值，会让团队与管理者陶醉，陶醉在夺标的快感、喜悦和兴奋之中。

第八章阅读导图

- **目标的价值**
  - 为什么要做目标管理
    - 彼得·德鲁克之惑
    - 游戏为什么有吸引力
  - 如何做目标管理
    - 将不可能实现的大目标拆解成可以实现的小目标
    - 在行动中产生成就感

第九章

卓越现场"五化"

卓越现场就是长期领先于竞争对手的现场，某一个时间点或短的时间段领先还不能算卓越，要能长期领先，至少3～5年，多则更长时间。在相同的设备与产线、相同材料与工艺、相同类产品情形下，卓越现场无论是在质量稳定性与品质、产能效率与交期、成本控制与环境控制方面，都全面领先同行与竞争对手。现场涉及物料、工艺、人员、设备、环境与安全等，其核心是人与设备，这两项被认为是生产现场管理的"牛鼻子"工程。牵牛就要牵牛鼻子，同样，抓现场管理首要的是抓人和设备的管理。三十余年的现场经验告诉我们：围绕5S生活化、高度目视化、省人省力化、傻瓜化和自主管理化"五化"来推动人与机的规范与改善，我们就会有机会实现卓越。

做简单的管理，做轻松的工作

图9-1中的两个词语"简单"与"轻松"，二者相互促进，是实现卓越必备的管理思想。这一思想应贯彻在追求卓越的管

理活动中，我们策划了设备运行标准化管理体系，我们还需要通过持续的 TPM 精益改善活动实施我们的策划，优化我们的现场产线与设备。在这里，简单是指管理简单，不复杂；轻松是指员工的工作轻松，不费劲。如果管理很复杂，那一定会失去效率；如果员工工作很累，整天需要咬牙地工作，那不仅危险，还会失去效率。没有效率的现场能实现卓越吗？只有简单、轻松的现场才有机会实现卓越。设备，保持良好状态的设备，是我们实施改善、追求卓越的基础。

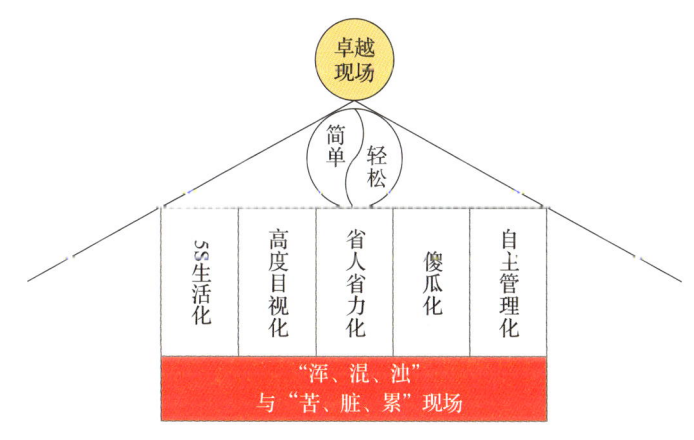

图 9-1 卓越现场"五化"

卓越现场"五化"的具体内容

一、5S 生活化

现场的人员与物料（含工具、主材料、辅助、半成品、成品）很多，由于人员的行为无序，物料的流动也就无序，现场就像混浊的河水，"浑、混、浊"，张三将工具放在哪儿，李四怎么也找不着，成品中混着杂料，合格品与不合格品找当班人员才能确认，花费很多时间才能确认订单的进展。以"整理、整顿、清扫、清洁、素养"为主题的 5S 活动帮助我们建立了现场秩序与规范，将浊流转化为清流，让现场的问题一目了然。

一些基层管理者没有理解 5S 是如何帮助我们通过规范人的行为来实现物的有序流动，将 5S 当作任务来应付。其实，卓越现场首先是有序的现场、生产均衡、无呆滞、无浪费、物料有序流动。只有现场所有人员（从一般职员到总经理）自觉自主地、随时随地开展 5S 活动，就像吃饭前洗手，饭后刷牙、睡前、睡后洗脸一样，成为生活的一部分。5S生活化就是要求现场人员像生活中的洗脸、洗手、刷牙一样，将5S列为工作的必须部分，成为一种习惯，不需要布置、检查与考核，成为一种自觉、主动的习惯化的行为。我们还会在后面的章节中再深入讨论5S是如何促进点检及让潜在问题显性化。

我们将在第十章介绍如何实现5S生活化。

二、高度目视化

目视管理已被企业广泛使用，但是，应该将目视化的方法提高到"现场的一切活动（5S、计划与订单、点检方法、作业方法、润滑点及加油方式等）尽可能不要考核员工理解力与记忆力"，穷尽一切手段与机会，做一目了然的管理，做到判断正确与错误一目了然，如何去做一目了然，让复杂的事情简单化。

追求卓越是要聪明地干，而不是简单地苦干，聪明地干可能费用更低、更省，这样的现场，新人易上手，老人不易出错，追求卓越才有可能。

三、省人省力化

作业现场有很多的地方环境恶劣，很多的东西需要搬运，甚至包括重物与精密高、要求高的物品搬运，如果需要大量的人力去做这些苦、脏、累的体力活，由于生命机理的因素，难免造成物品损坏。交付转移不及时，甚至存在砸伤、撞伤、烫伤等安全风险。这时，需要大力开展改善活动，花小钱实现省人省力化。这样做，除了提高效率、降低安全风险外，还可以极大提高现场人员士气。

这项活动的展开会让你的现场逐步进入让同行羡慕的新境界。下面，我们用生活用纸厂轴头管理的案例来增进体会。

在生活用纸后加工工厂，纸机下轴的原纸直接给后加工厂使用，需要使用非常笨重的轴头，直径450毫米，长800毫米，重70千克。员工借助行车装配与拆卸，经常砸伤地面，偶尔会砸伤腿脚。在省人省力化的推动下，员工提案做一个存放轴头的铁架，可存放20个轴头，完全满足全部上架，并购置一个手自一体化的简易推车，改装一个夹头，如图9-2所示。从此，不用行车，不用手搬与辅助，直接用车辆完成轴运、装配和拆卸。

图 9-2　轴头管理（改善前、改善后）

四、傻瓜化

作为经理，你可以要求员工遵守规则、遵守作业 SOP，从而避免事故与损失的发生。但是，停留在这种工作层面的现场会经常发生事故。你一味强调执行规则与 SOP，有价值吗？即使你自己实际作业，也不能保证万无一失。所以这样的现场不可能成为卓越的现场。

我们需要换一个角度思考，为什么不通过一些措施让员工能轻松做对，想出错都不可能呢？从傻瓜相机到今天的智能手机，有多少人会看说明书，不都是拿到手就用吗？按照这个思路去检讨我们的设备与生产线，去检讨我们的现场，你会发现机会很多。

五、自主管理化

如果你的现场不是一个自觉、主动作业的有序现场，一切都依靠上级去盯着，盯着就有序，就清流，那么上级不在场或一放松就无序，就浊流。没有来自现场团队发自内心的自上而下的规范与改善行为，我们无法想象这样的现场会走向卓越。

但自主管理化不是自动形成的，需要一系列的措施逐步建成。我们将在第十一章讨论自主管理化。

第九章阅读导图

卓越现场"五化"

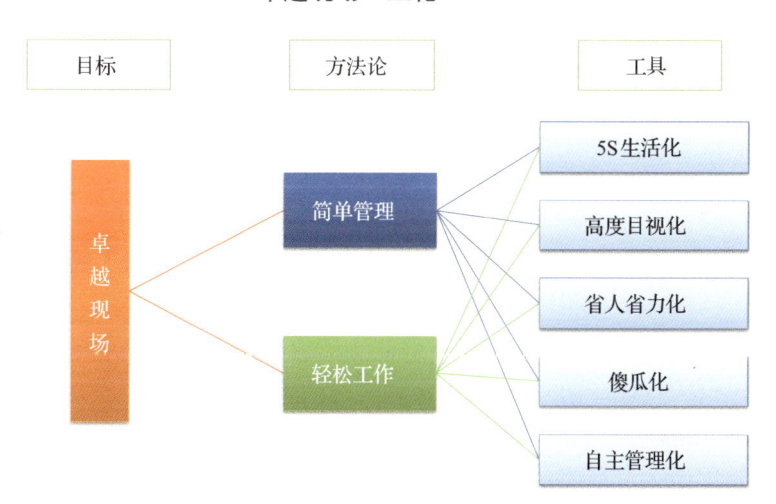

目标	方法论	工具

- 卓越现场
  - 简单管理
  - 轻松工作

- 5S生活化
- 高度目视化
- 省人省力化
- 傻瓜化
- 自主管理化

第十章

实现卓越设备管理的六个步骤

传统的习惯是聚焦于事后检修,即故障维修,将注意力与思考点聚焦在故障检修上。我们在第六章中介绍的设备运行管理模型是将注意力与思考点聚焦在预防管理上,即设备运行的点检与维护。预知检修也不是简单的、被动的故障检修,而是在有充分点检诊断与预知故障风险可能发生的情形下有计划地预知维修。工匠精神体现在对设备与产线的精雕细刻与精心呵护上,大国工匠需要利器,这些利器就是工具、设备与产线。精雕细刻是指坚持持续改善,精心呵护是指精心维护、精心操作、精心检修。人既是设备运行和改善的重要因素,也是造成过程不稳定的重要因素。因为人的创造性是无限的,但生理因素造成人的失误也是不可避免的。解决人的失误靠管理,靠卓越的管理。卓越管理缔造卓越现场。卓越设备管理是支持卓越现场的最核心的要素。下面,我们继续聚焦人与设备,讨论实现卓越现场的卓越设备管理的途径。到目前为止,得到公认的有六个步骤。

步骤一：使缺陷（潜在故障）显性化

大量的缺陷与故障隐藏在灰尘、油污、潮湿、积水、高温等脏、烂、差之下，人们无法亲近设备，也没有人去接近设备，灰尘、油污、潮湿、积水与空气中混杂的酸碱盐，造成设备腐蚀与微缺陷，微缺陷逐步发展成中缺陷、大缺陷，进而发展成故障。

面对如此环境，我们需做三项工作：一是为设备找主人；二是开展彻底的 5S 活动，培养全体员工的问题意识、改善意识、规范意识；三是开展设备大清扫活动，通过清扫发现缺陷与故障。

设备有了主人，使用、保养与检修的责任明确，5S 活动让现场问题凸现，停滞、浪费与不均衡等情况一目了然，物料与工具的放置与流动一目了然，问题藏不住。设备的大清扫活动让松动、裂纹、裂口、漏点、腐蚀等问题点一目了然，让设备缺陷藏不住。我们必须建立清扫就是点检的价值观，点检从清扫做起，运行维护从点检做起。

当我们通过 5S 和大清扫活动让设备缺陷与故障清晰地凸显出来后，我们就可以分析、归纳原因，就有机会采取进一步行动。

步骤二：消灭人为劣化（使人为劣化转为自然劣化）

过程管理水平处于三西格玛管理水平的工厂，过程的输出（质量、交期、成本、安全等）缺陷率（不合格率）为 6.68%，即合格率为 93.32%。造成缺陷与不合格的主要因素是设备缺陷与故障，而缺陷与故障来自劣化。处于不同管理水平与状态的企业造成故障的各类原因占比也不尽相同。没有详细统计，我们初步判断：处于三西格玛管理水平状态的公司，10%～20% 的劣化来自自然劣化，80%～90% 的劣化来自人为劣化，其中非预期保养与非预期检修各占 20% 左右，非预期使用占 50%，如图 10-1 所示。保养严重缺失是一种情形，错误的方式方法又是一种情形，检修方法不当，检修作业粗糙，加工与装配精度下降等都会造成检修劣化。没有遵守设备使用规范，超范围使用，违规作业，野蛮作业，这些都会造成作业劣化。当出现事故时，应对错误，更会增加事故损失与设备劣化，这也属于作业劣化范畴。为此，我曾要求检修团队做到三个交底，操作团队做到三个避免，运行维护保养团队开展90天以上零故障运行竞赛，以此形成360°合力，推动设备运行零故障。

图 10-1　设备运行故障来源占比

三个交底：任务交底，将工作任务交代清楚；技术交底，将完成工作的方法交代清楚；安全交底，将作业过程中的安全风险与防护措施交代清楚。

三个避免：避免扩大范围使用设备；避免违章与野蛮作业；避免事故应对错误扩大损失和伤害（面对突发事件手忙脚乱）。

90天以上零故障运行竞赛：操作人员做出产品，检修人员修复好设备，成果具体、明确，成就感易形成，领导和同事都看得见。但设备点检与消缺就不一样，成果给人的概念模糊。剔除机会主义因素，跨过一个使用周期，中间可以安排预知性计划检修与保养。我们先给点检与维护组定一个可实现的小目标——90天以上无故障停机停线。这样，就解决了点检与维护人员缺少成就感的问题。

我们通过优化标准、建立责任体系，不断深入开展卓越现场"五化"活动，就有机会消灭人为劣化，让设备从人为劣化为主转化或接近自然劣化。

步骤三：改善设计（从系统改善入手）

现场的问题，只要你愿意去分类层别，就会发现一些规律：其中反复的、顽固性的、共性的问题总是摆在那儿，生产、设备维护和检修人员忙乱不已，工程设计、建设与采购等部门却熟视无睹，问题重复出现。

面对这样的情形，现场人员不能停留在抱怨与简单投诉上，应用图片、照片、录像等方式，向各级部门呈报，将问题描述清楚，尽可能量化细节，尽可能给予改善方案或建议。

更好的做法是：停止抱怨和投诉，通过成立跨功能部门的项目改善小组活动（SDA）来解决问题。

从设计上改进润滑不良、加油给脂不方便等问题，从设计上改进刚性与强度、优化通风排湿、改善环境，并解决安全风险源、污染发生源、清扫困难源、效率瓶颈源、质量发生源、成本浪费源等难题。

在一个改善氛围很好的现场，积累了非常多的治理案例、改善案例，应建立一种通道，把这些改善成果植入新项目、新产线、新设备的设计中。

设计与项目建设部门应建立一种主动向下听取缺陷及改善意见的工作流程与习惯，现场人员应用平和而又主动的方式向相关部门呈报问题点及改善建议，两头都主动起来，改善设计就成为自然而然的事情了。在分工很细的大型组织内，要做到以上这些，仍然面临不少困难。

步骤四：彻底预防诊断和消除缺陷

我们习惯事后维修，被迫陷入故障检修。微缺陷发生时，若不及时检修，就会演变为大缺陷，发展成故障。由于没有及时、有效地预防点检和诊断，故障发生之后，面对的是损坏程度更深、范围更大，修复难度、时间与费用大幅增加的检修。企业大多将眼睛盯在能修好与快修好的方面，而不是聚焦不出故障、少出故障，在运行状态下识别缺陷与消除缺陷。

曾经一段时间预防维修十分盛行，设备达到了使用年限就安排维修或大修，对相关易损件（如压辊轴承）进行更换。这就是所谓的"定修"。我通过对现场跟踪发现，这极易造成过度维保或欠维保。如果轴承质量和加工精度大幅提高了，并且润滑质量与状态又非常好，设备在运行过程对其进行测量，显示其十分平稳，我的经验是不要做预防维修（即更换压辊轴承）。通过有效的自诊断与人工点检，在轴承已劣化到可能出现故障前组织更换与维保。这样的维修我们称为预知维修。因此，预防性的活动——点检与设备自报警非常重要。

如果设备存在大量的缺陷，产线的输出不合格率高达4%～7%，你很难判断可能发生故障的设备点在什么地方，以及发生故障的时间，十分被动。如果我们通过点检，迅速将设备缺陷曝光，并尽可能在运行状态下进行消缺。不能在线消缺的，就利用换备品或系统清洗的机会，或单独安排停机进行维保，消除缺陷。这样，我们可以大幅减少设备故障发生的概率，减少故障造成的损失（时间成本、维修费用等）。

步骤五：走向预知维修

预知维修是指我们在设备运行状态下识别出设备缺陷，在缺陷还未劣化生成故障之前，组织好备品、工具、方法和人员，有计划地停机、停线，对设备进行消缺。走向预知维修，是消灭了人为劣化，在自然劣化背景下，我们有能力和办法对设备进行有效点检与诊断，有能力和办法组织有效的检修与维保，也能预知维修结果。

当点检与诊断质量不高，自然会产生部分故障检修。当预知检修的规范、方法、计划与组织实施存在纰漏时，我们可能计划检修3个问题，解决了两个，还存在两个。由于我们准备不足，分析和判断失误，存在一个问题的配件没有备好，只能将有缺陷的机构装回去，凑合使用一阵子，存余一个问题没有被解决。在上面检修的过程中，由于检修方法不对又将设备整出一个新的问题。这样，我们现场仍存在两个问题。这就要求我们提高点检与诊断水平，需要做好检修前的计划与物资、工具、方法和人员准备。以上是造成重复维修的原因之一。由于零件加工和装配精度不达标，问题仅仅是得到了缓解，并未真正彻底解决，这是重复检修常见的另一种情形。

在计划检修过程中，还普遍存在延时检修。检修一台真空泵，计划用 8 个小时，结果因为配件准备缺失或漏项，检修速度没有达到预期，在检修过程中发现了新的问题需要一并解决，最终导致检修时间延长到 27 个小时，多出计划 19 个小时。这种检修我们称为延时检修。

彻底走向预知维修，需要我们不断提高与改善点检与维护水平，沉下心提高资源建设与维护的能力。这种能力是依靠点检与健康诊断走向预知维修的能力。

步骤六：提高过程的可靠性

影响过程稳定性的最大外因是人，人的行为及人与设备互动的行为具有不确性，人不可能避免失误，失误就会造成设备劣化或故障，造成损失。提高过程的可靠性，就是通过各种方法避免人的失误。5S生活化、省人省力化、傻瓜化、目视化、智能化，成为最为常用的方法，我们将在第十一章《设备自主管理四步法》和第三篇《智造》章节中讨论。

实现卓越设备管理的六个步骤是存在内在逻辑的。目标驱动过程，过程稳定，运行零故障是目标，是方向，以终为始。

第一，从识别缺陷出发，找出并消灭故障源——缺陷。

第二，消灭人为劣化造成的缺陷，让劣化转化为自然劣化。

第三，从源头上解决故障源，从设备及产线（流程）设计改善入手。

第四，避免故障的办法是在故障未发生前消灭故障源——缺陷，在设备运行过程中进行点检，识别缺陷，并尽可能在线消缺，不能在线消缺的，转入下一步。

第五，不能在线消缺的就组织预知维修，预知缺陷，预知易损件，预知维修方法，预知维修结果，预知维修才是最经济的（时间最短、费用最低）维修方式。

第六，通过智能方法减少人的生理因素的制约，提高过程稳定性，使设备与产线零故障平稳运行进入更高阶段——无忧制造。

以上讨论遵循图 2-1 所示的故障形成的机理，实现卓越设备管理是按这一机理策划的。实践证明，它会让你事半功倍。道理非常简单：人活着的时候体检价值大还是死后验尸价值大？答案不言自明，设备在运行过程点检才有价值。所以，我们的设备管理体系与管理活动聚焦于设备运行的点检与消缺，聚焦于设备运行过程的预防与健康管理。

第十章阅读导图

实现卓越设备管理的六个步骤

卓越设备管理 —— 目标

路径

- 提高过程的可靠性
- 走向预知维修
- 彻底预防诊断和消除缺陷
- 改善设计（从系统改善入手）
- 消灭人为劣化（使人为劣化转为自然劣化）
- 使缺陷（潜在故障）显性化

第十一章

设备自主管理四步法

自主管理化是构成卓越现场非常重要的一环，设备的自主管理更是重中之重。本章我们通过一系列有一定顺序、相互作用、相互关联的活动的讨论，试图帮助读者厘清设备自主管理的机制与文化。

我们在思想上先捋一捋什么是自主管理。从字面上来看，自主管理就是员工（或部属）自己主动开展工作促进目标的达成。那么，员工会主动吗？如果你的员工不够主动或者不主动，那么原因是什么？有构成自主管理的成熟方法吗？海底捞员工的自主管理受到推崇，我们有办法学习与复制吗？

一个团队是否自主管理化，作为供应商，你会感觉到，作为客户，你的体会会更深刻。你走进一家超市，看到你在寻找商品的表情，超市服务员主动迎上并为你提供导向帮助，这就是积极主动；看到货架上的商品缺失及时补货，现场凌乱及时扶正与归位，这就是自主管理。为了方便大家理解后面步骤的内在关联与作用，下面我们先汇总造成员工自主管理缺失的一些主要问题点。

一是职责不清。当岗位职责与目标不清晰时，一方面员工缺少必要的支持与帮助，不知道谁干什么，有困难该找谁。另一方面干好干坏无法产生成就感。明确职责，不仅指员工自身岗位，还涉及相关岗位。明确任务与目标，同样，不仅指自身岗位，还涉及相关岗位。我们需要从多个角度看职责，包括从员工自身、其他岗位及设备角度来看。我们习惯站在管理的立场从上往下看，并从这一视角定义组织与岗位职责。如果我们从下往上看将是另一种情形，你会从相关岗位、水平岗位、上下游岗位、上级岗位、支持岗位来看，你还可能从设备的角度来看。

从设备角度来看，设备白班是张三使用，中班是王二，夜班是李四，作业人员是流动的。点检与维护呢？今天是李六，过两天是彭五，检修人员这次是韩三，下一次是陆七，流动性很大。这与从上往下看就不一样，作业人员、点检与维护、检修人员都分成了三个组，各自负责。这样，好像职责清晰，其实，由于流动作业，所以，设备是没有主人的。我们需要为设备找主人。举个例子：某工厂有20台抄纸机，由一个大的工务中心负责，共129人。工务人员的工作由工务中心的经理每日排工，就像上面情形一样，是随机性的。对设备而言，工务人员是流动的。如果我们将工务中心拆分为4个小单元，每个单元25人，工务人员相对于某一产线而言其流动性下降75%。由于层级减少，责任具体，100人就够了，还可以减员29人，效果更好。对设备而言，好就好在责任人固定、职责清晰。

从不同视角深入挖掘职责不清的问题，有利于培养员工的责任感与成就感。这是激发员工自动自发的基础。

二是管理流程过长。管理流程长，势必造成过多层级指挥与审批，一步一步淡化岗位职责。你可以想象一下，如果某一个单子只经过2～3人审批，这个责任感与经过5～9人审批（很多企业就是这种情形），审批者的责任感会是一样吗？审批的人少，你会仔细把关，审批的人多，反正就是过单。过多与不恰当的审批影响了团队的责任感与主动性。管束与控制都会伤害团队的主动性，反过来说，充分授权有利于激发团队主动性，强化团队的责任感。

三是信任关系。组织内弥漫着不信赖，管理者的不诚实，特别是有意或无意给下属造成一种被忽悠与不信赖的感觉，对团队的自主管理会造成极大伤害。为了防止经济漏洞与腐败，我们可以通过公开、透明的授权与审计，一方面规范授权，一方面堂堂正正审计，可以减少猜疑，增加信任。

四是干好干坏都一样。多干少干一个样，干好干坏一个样，这样的组织没有建立促进正能量的分配、奖励与提拔的制度与文化。不公正会挫伤员工的积极性，员工的积极性没了，奢谈自主管理。

五是上级的伤害。上级往往是下级的天与地。上级的管理理念与管理方式对下属工作情绪与心情影响非常大。沉浸于简单"命令—控制"型的上级，将下属视同雇员，我雇佣你，你当然就得听话，从内心深处就没有将下属当主人，那人家怎么会积极主动呢？如果你将下属视同合作的伙伴，你们之间的关系是合伙合作的关系，你就会去想方设法帮助与支持下属，而不是简单地要求与考核，你就会变成"教练—激励"型的领导。下属的内在热情很容易被你点燃，自主管理是再自然不过的事情了。

我们下面讨论的设备自主管理四步法是建立在以上认知（但不局限于）和第一篇中讨论的职责分配的调整与管理流程变革的基础之上。

第一步：实现 5S 生活化

回顾一下曾经历的 5S 活动，我们会有两点普遍的认知。

一是 5S 很重要。通过现场彻底的 5S 活动，我们不仅可以通过人的行为的规范化实现物料流动的有序化，保证现场井然有序，而且 5S 活动能培养员工的规范意识、问题意识与革新意识。5S 作为一项极为重要的、基础性的、长期化的现场管理活动，它对安全、质量、成本、效率与企业形象的意义得到了公认。

二是 5S 很难维持。一些企业的 5S 很难维持，整理、整顿、清扫的成果很难维持，极易反弹，不久又回到"浑、混、浊"与"脏、乱、差"的局面。这些企业的普遍感受是"面对 5S，员工很烦，基层管理者很无奈"。作为员工与班组，订单交期、质量、成本与安全指标，稍一疏忽就出问题，就会被追责，还要花大量时间去做整理、整顿与清扫。特别是清扫，刚清扫完一会儿又脏污了，得反反复复清扫，员工觉得特别烦。作为基层管理者，清洁的现场是质量、安全与企业形象的综合要求，5S 搞不好，对上级与老板都难以交代，不搞好不行。逼着员工去做，员工的抵触情绪大。这样，基层管理者两头不讨好，甚是无奈。

或许你会说："这样的工厂，从上到下，从下到上，没有理解 5S 的作用与价值，没有养成习惯，没有建立考核制度或者制度本身及执行存在问题。"我们试想一下，或者你干脆亲自去替班几天感受一下，我相信你也会很烦。

或许你会说："你太高调了，5S就是工作职责，就是工作任务之一，你要求员工做整理、整顿与清扫，就像刷牙、洗脸一样生活化，这可能吗？"那么，我们是否思考过："整理、整顿与清扫"这3S是不是现场随时随地要做的事情？第4个S清洁是不是就是要求现场保持清洁的状态？第5个S素养不就是强调以上4S养成了习惯、形成了文化吗？生活化只是对素养的形象化描述，这种提法让人们对素养的理解更具体。

很多有关5S管理方面的书籍系统地介绍了开展5S活动的方法与要领，我也认同早期需要一些强化措施，包括检查、考核与绩效推动。但是，如果你的5S长期依赖检查、考核与绩效来推动，那说明你的员工面对的困难还比较多，他们需要花大量的时间与精力才能做好5S，这本身就存在问题。

一些管理者习惯要求员工按照要求完成工作，5S是工作内容或任务，员工应该去完成。我想，这本身没有错，问题作为管理者的思考层面，仍停留在"命令式"，而不是"服务式"。如果管理者认为员工的困难就是我们的困难，员工烦我们去帮助解决，以支持、帮助、服务属下的心态去面对员工，从这个角度出发，我们的行动就会发生改变，我们就会去思考如何降低员工5S工作量，让5S变得简单易行，创造条件让5S成为员工的工作习惯。

思考的角度一改变，点子就有了。

（1）污染发生源的治理。我们是很容易查找并列出污染发生源的清单：泄露点、加工飞溅物、等等。当我们化点力气去一一解决这些污染发生源的问题，你会发现清扫工作量大幅下降，维持5S现场变容易了。

（2）清扫困难源治理。有些角落里、管道密布部位等，清扫起来费时费力，我们可以采取封闭或制作专用工具的方式，使清扫变得简单、容易。

（3）省人省力化措施。生活用纸因为需要起皱，纸质蓬松，起皱时易产生纸粉，纸页在复卷和后加工过程中易产生纸粉。抄纸车间使用行车，行车轨道极易沉积纸粉，行车滑栏线及轨道都容易产生火星，纸粉像棉花绒一样，极易燃烧。纸机汽罩顶部及走台极易沉积纸粉，烘缸刮刀也极易产生火星。因此，清扫纸粉的工作成为抄纸车间员工进行安全生产和5S的重要内容，登高作业极不方便，也极不安全。我们曾经沉寂于"命令式"的管理思维，认为"让员工清扫，理所当然"。当我们把"服务式"管理思维与精益思想相结合后，我们花很少的费用通过布置风力的方式实现了免清扫。

现场有很多这样的机会点，关键是你的思考点、思考方向，思路决定出路。

（4）行动改变观念。习惯于"命令式"管理思维的管理者，习惯用说教的方式给员工讲道理，习惯用命令的方式督促员工执行，习惯用考核拉动员工行为，这样效果往往不好，我们现场会陷入"员工很烦，基层管理很无奈"的怪圈。当高层管理者亲自到现场，和员工一起做整理、整顿与清扫工作，引导员工在做的过程中思考。你直接给出"整理、整顿"的标准，员工不理解，执行起来没有自觉性，你带领员工一起来讨论，制定并实施整理、整顿的标准。第一稿方案会比较粗糙或者存在非常多的不妥之处，没关系，做起来，再和员工一起评价和检讨，在此基础上再修改、再完善，一直做到现场员工都理解与认可。从内心达成一致的标准，后续执行起来，容易太多。这种在行动中对标准达成一致性的理解与对现场的改变能相互促进，员工没有抵触，还会珍视成果。

和员工一起改变现场的过程非常重要，在清扫行动中并行引导员工开展清扫困难源、污染发生源和省人省力化活动。员工的参与热情会非常高，因为他们自主改变了现场，工作越来越轻松，现场越来越干净，越来越安全。长此下去，用不了 2～3 年，5S 不仅不需要考核、督促，而且，就像刷牙、洗脸一样，完全生活化了。恭喜你和你的团队，你的现场已跨向卓越现场非常重要的一步。

5S 做不好，表面上看是方法与执行力存在问题，往深层处看是管理思维定式存在问题，我们应抛弃简单说教式与命令式的管理思维，学习与运用教练式与服务式的管理思维。

在推进5S生活化的路上，我们需要迈过一些十分关键的坎，共有以下四个坎。

一是思想难统一。传统的思考是思想决定行动，行动产生结果，所以，习惯给员工上课，强调5S的重要性，讲解5S方法，这种效果比较差。深圳3A顾问的方法值得推荐，上级带领团队直接到现场面对问题、查找问题，一起想办法解决问题，给方法、给资源支持，带领团队一起行动，在行动中达成一致性理解，在行动中改变思想，在行动中学会方法，这种效果会让你震撼。在改变现场的行动中统一了思想，人造环境，环境育人。

二是路径单一。你需要策划路径，要实现5S生活化不是一蹴而就、一气呵成的，需要从导入→局部改变→标杆学习→全面推动→排障（如污染发生源与清扫困难源治理）→优化（省人省力化、目视化、傻瓜式）→生活化。

三是自己的手自己洗。既然 5S 是工作必须要做的内容，各个岗位应按照自己的职责区域与主体随时整理、整顿与清扫。例如，机台的作业面理应由作业人员清扫，生产性物料与工具由作业人员负责 3S，机台的驱动部分与内在构造部分应由工务人员负责 3S，职责交叉或分配不清的情形在一些企业还比较普遍。

四是将 5S 理解为清扫。清扫是 5S 中最为啰唆的一环，但如果将清扫仅理解为对形象的要求，将很难维持清洁的。我们需要引导员工，清扫能让缺陷曝光与显性化，是点检的开始，是识别与消除缺陷。作为操作人员，如果没有前面的 3S，你如何识别设备运行已达到你想要的状态，清扫就是作业点检，就是工艺点检的开始。作为工务人员，清扫将设备的松动、泄露、裂纹、裂口与腐蚀等缺陷曝光，因此，清扫就是点检，清扫是对设备进行维护保养的重要组成部分，而不是简单地做清洁。

第二步：总点检

点检就是将现场设备与工艺的实时状态与应有状态进行对比，检查其符合性与变化趋势，识别异常与缺陷，在此基础上，在故障未形成之前进行消缺。

第一，我们应建立与明确设备运行、保养与检修的标准，包括润滑标准、点检标准、检修标准、安全操作标准。

第二，我们需要进行合理的职责分配，建立简单、高效的扁平化的管理流程。

以上两条我们在第一篇中做了详细讨论，在现场活动中，按制定的设备运行管理体系执行就是。

第三，点检实施的辅导、支持与检查。

作业人员的点检着重于工艺性质（包括工艺备品的状态），工务人员的点检着重于设备机构与运行的物理和化学方面的状态，是设备本体旋转与驱动部分等。我们仅仅明确了职责与建立了标准是不够的，需要给予设备结构、运行原理及维护与检修方面的辅导，除了提供知识与方法外，还需提供工具等资源支持，通过检查与联合点检，既发现点检存在的问题、现场的问题，还可以同步提供现场式培训。高层技术与管理人员到现场带领各岗位一线人员对设备运行进行一一联合点检，示范点检方法与要领，能极大促进一线人员的思想认识和点检技能的提高。

第四，点检的后续行动。

点检的目的是提前识别缺陷，避免或减少设备发生故障。为此，对点检的结果要进行分析，今天点检的油温、油压、油色与前几天的情形是稳定的，还是显著劣化，中心润滑站油品的劣化警示我们进一步去诊断所有转动部位的振动的频率与振幅，湿度及温度变化，等等。经过点检发现了缺陷，我们尽可能实现在线（即运行状态下）消缺，如果必须停机或停线消缺，那么，我们应组织预知性检修，而不是仓促应战式的事后与事故检修。通过预知性维修，恢复设备应有的状态。

第三步：点检效率化

早期的点检活动往往比较粗放，要么点检过度，要么欠点检，点检的方法与工具开发都存在不同程度的欠缺，所以，我们首先建立设备运行四大标准，将点检先做起来。在此基础上，我们才有机会进行效率化改善。

关于对点检进行效率化改善，我们可以从以下七点入手。

（1）工具优化。开发点检工具，设备的位置有高有低，使用的听筒可能需要三个规格，为了方便诊断，我们可以直接购买振动测量仪，信号可自动传输，还可以将测温仪读数直接与 PC 机联网。

（2）频次优化。2005 年，我们曾经策划每两个小时做一轮点检，点检人员三班倒。后来通过跟踪发现，这完全是过度点检，由于负荷过重，员工通常干脆不做，一时也不产生后果，点检人员过多，反而让员工没有责任感。经过评估与实验，我们发现：随着装备制造水平的提升，根本不需要每日安排三班倒点检，仅仅安排白班足矣。而且，白班点检人员更安全，点检的质量更高。还有一些设备，可以策划一周点检一次足矣。

（3）点检线路图。点检人员容易走冤枉路，容易漏项、漏点，我们可以策划点检行走线路图，并在复杂处建立看板式点检站。

（4）目视化。除了线路图与看板外，我们可以用颜色做标记，将测温点、测振动点等检识出来，在仪表的表盘贴上黄色、红色、绿色环带，指针指向绿色是正常状态等。

（5）培训与交流。专业工程师给予员工一些设备结构与原理的培训，点检人员之间的点检经验交流能极大提升点检的技能与质量。

（6）自报警。我们可以花少量的费用，让设备自报警，减少员工的工作量，解决环境恶劣部位的点检困难的难题，等等。

（7）数据可视化。无论是人工点检还是设备自点检与自报警，这些数据应通过现场 Wi-Fi、公共互联网与 MES 和 ERP 系统自动传输，应用物联网与互联网让状态与变化可视。这样，能帮助我们及时识别问题点，帮助我们优化点检频率。

第四步：设备自主管理

员工会不会自动自发地呵护设备呢？答案是肯定的。但实际情况恰好相反，很多企业由于设备没有真正的主人，设备的跑、冒、滴、漏现象十分普遍，油污、灰尘覆盖了设备外壳。面对这样的设备，员工也很有挫败感，带病运行的设备让操作人员很累，事故检修让工务人员很累。因此，只要方法得当，尊重人的本性，挖掘人积极与主动的一面，理解员工需要成就感与获得尊重和被认可的一面，我们就可以按以下方面构建设备自主管理的机制与文化。

（1）职业竞技场。领先的公司广泛开展竞赛活动，将职场打造成一个竞技场,这种方法值得借鉴。

第一,设定目标。竞赛需要目标,目标的设定需要考虑到方便竞赛活动的展开,为此,竞赛需要从目标设定开始,考虑到目标的每一个单项定义(界定)清晰,具有可比性。第二,测量。方便测量,使测量不产生争议。第三,反馈。反馈应及时,如果工作成果能当班反馈就不要一周,延时反馈激励效果大幅衰减,进度与成果尽可能每天在过道处上墙更新。第四,成果发布。成果由当事人发布,当事人发布成果前需要自我总结。发布是一种锻炼,发布本身得到同伴与上级的掌声是最好的激励,我们要从主管做总结转化为让当事人做总结、做交流。这种对员工的培养与激励会超出你的期待。第五,机制。创造所有员工都可以当明星的机制,只要有工作,就有竞赛活动,只要有改善,就会有赞扬,哪怕是一丁点的改善,也值得赞扬。尊重,从认可员工的价值与贡献开始。零故障运行竞赛会产生巨大的引力。点检不容易彰显工作成果,通过零故障运行时间(天数)竞赛,就像安全生产天数竞赛一样,它将现场人员的注意力聚焦到预防点检上面来，极大地推动了企业从故障检修走向了预知维修。

（2）从某一点开始。当我们引导员工将车间东区的设备刷漆亮化之后，他们主动申请将西区、南区、北区的设备都刷漆亮化，因为东区的亮化让其他区域很难看。一车间亮化了，二车间参观感觉很爽，他们也加入亮化的行动中来。当3号线实现了100天零故障运行，3号线交流了经验、发布了成果，获得了表彰和奖励，1号线、2号线、4号线等哪里还耐得住，他们也会很快加入行动中来。我们的经验是不要期待齐步走，鼓励与引导某一点先行，让它起到标杆的引导作用。

（3）改善之旅。改善活动进行了半年左右，现场积累了一些改善成果，例如，好点子、好案例、好现场。我们精心策划改善之旅活动，由最高层领导带领各部门负责人参访改善景点，听取当事人（改善案例当事人）的改善汇报、评比、表彰，对行程进行录像与拍照。这种活动，3A顾问公司辅导过的企业能感受到其影响力。

（4）让客户见证改变。请客户到现场参访，让员工走访客户与消费者，让员工听到客户关于质量改善的赞许、交期与服务改善的赞许，员工的进步与成果被客户认可，这可了不得。通常情形是员工离客户很远，当我们拉近了员工与客户的距离，促成直接交流，这种回馈更能激发员工的主人翁精神。

（5）追求卓越，持续改善。只要我们的目标不断向卓越迈进，现场永远都存在问题。当团队形成了"追求卓越，持续改善"的文化，追求细节完善的工匠精神会指引员工不断寻求改善。作为管理者，在引导员工参与改善之后，还要适时引导员工追求卓越。这时候企业愿景与目标会形成强大的引力，员工能将自己的付出与努力和企业走向卓越联系在一起，自豪感与成就感一定是棒棒的。

第十一章阅读导图

设备自主管理四步法

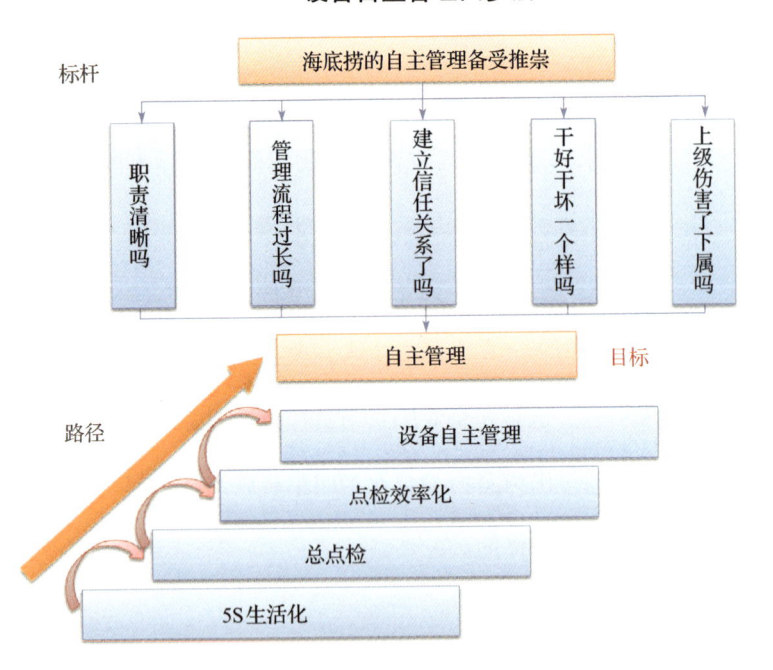

标杆 → 海底捞的自主管理备受推崇

- 职责清晰吗
- 管理流程过长吗
- 建立信任关系了吗
- 干好干坏一个样吗
- 上级伤害了下属吗

目标：自主管理

路径：
- 设备自主管理
- 点检效率化
- 总点检
- 5S生活化

第十二章

改善与创新

我们生活在一个技术深刻影响生活的时代。2014年，李克强总理提出"大众创业、万众创新"，并出台了一系列的鼓励政策，一些地方政府建立了相应的双创产业园。

技术创新、产品创新、管理创新、营运模式创新、供应链创新、价值链创新等呈蓬勃之势，但在具体的工作中，还是让人感觉到创新似乎是一个奢侈品，遥不可及。

为什么会这样呢？简单说来，是没有找到入口。

为什么要创新

我们回眸一下，企业创立的目的是什么？企业的生存之本是什么？企业的发展之本是什么？

企业因顾客而存在，顾客的需求随环境改变而改变，而且满足顾客需求的业务方式也会受到新技术、新业态的冲击。创新是对现状进行突破性的改变，使企业在产品和实现产品的技术与管理方面全面超越竞争对手。简言之，一切都在改变，企业需要不断地转型升级以应对这些改变。如果你的企业不改变，就会落伍与被淘汰。创新的目的就是促成与实现这些必要的改变。

很多耳熟能详的企业倒下了，倒下的原因非常多，其中共性的原因之一是创新的能力不足，没有适应环境的改变。

创新的入口在哪儿

创新是基业长青的驱动力之一，在组织内比较容易达成共识。创新又好像登天一样，门在哪儿？路在哪儿？大家一筹莫展。

技术创新：通过技术手段实现产品创新，需要投入技术人员、研发设备等资源。围绕课题研发活动就是创新入口。这方面的创新需要大量的资金投入。一些企业从模仿开始，经历模仿→改善→创新。

产品创新：通过对顾客需求包括潜在需求的理解，对产品的功能属性进行升级，或者研发出新产品。产品创新的入口来自对顾客需求的理解与把握，来自新技术对新产品或老产品升级的支持与帮助。一些企业也是从模仿开始，经历模仿→改善→创新。

管理创新：通过对管理思想与组织流程的变革与创新，提高组织效率。创新的入口来自对管理效率低下的改变诉求。

营运模式创新：放眼全社会资源，对业务模式与管理模式进行重构，实现价值链优化。创新的入口来自对环境资源和自身能力的透彻理解与把握。

总而言之，创新的入口来自追求顾客价值，来自点点滴滴的改善和借助技术进步推进各种突破性改善。

改善激发创新

本书聚焦设备运行管理，所以，我们需要围绕产线与现场讨论设备改善与创新的路径。

改善是基于在原有状态下的积极的、细微的改变。创新是突破原有状态的改变,这种改变具备革新的思维。设备运行管理的改善与创新,目标是减少故障,提高运行效率。当我们树立了零故障运行的目标后,改善与创新之门就被打开,一切皆有可能。

(1)建立员工参与通道,让清洁工也能参与改善。员工是有智慧的,员工对现场更了解,但员工有很多想法、很好的主意,往往找不到窗口报告,更得不到资源去实施。在企业里,应建立让员工参与改善的通道。由于员工的知识结构、经验与技能不同,他们对改善参与的程度、深度往往存在差异。为此,我们需要针对不同情形设计通道。设计通道的原则是让清洁工也能参与改善。在这里,我们提出让清洁工也能参与改善,想强调的是"尽管做好清洁不需要更高深的知识与技能,但是清洁工也是现场的一分子,他(她)也有心、有机会参与改善"。事实上,清洁工也是有能力与智慧参与改善的。生活用纸车间粉尘多,纸粉会飘留在高处的行车轨道上、气罩上，极易造成火灾。为此，一些造纸厂设置高空清扫岗位。例如，自恒安集团芜湖公司大力提倡省人省力化活动以来，清洁工刘天明想，设备离地十几米，登高清扫既不方便又十分危险。他就和其他清洁工联手，用压缩空气吹扫，但两人将压缩空气管高举并移动十分辛苦。他们又提出在行车上增装鼓风机的提案。这一提案被纳入改善计划。经过不断调整优化，半年后，该工厂通过风力作用实现了免清扫。恒安集团另一个工厂的室外清洁工，针对除尘器风口喷浆对清扫工作带来的困难，填写问题票，促进了除尘塔维保SOP的优化。改善无处不在，人人都可以参与改善。但是，没有通路，员工无法参与改善，为此，我们设置了三个通路。

通路一：问题票。我们设置问题票，只要你认为这是个问题，是个问题点，就可以填写问题票，如表12-1所示。问题票是要被登记、归类和落实整改责任的。

表 12-1　提案改善活动问题票

提案改善活动问题票	
编号：	发现者：
场所和设备名：	
发现日期：	
问题描述：	
预计对策：	
对策人：　　　　责任人：	
注：若问题得到解决，请将此票返回发现者，并将编号登录到问题票清单上	

核准　　　　　　　　审核　　　　制表

在丰田公司，为了使现场的问题得到及时反馈与解决，及时、有效地给一线作业员工提供知识和帮助，大野耐一在生产线各个环节设置了安灯。生产线上的员工发现不合格产品和不正常的情形时就按安灯，两分钟之内现场主管就会来到现场，帮助解决问题。我们设置的问题票有类似于安灯的作用，只是它的解决时间可能是两个小时，也可能是两天，甚至更长时间。在当前情况下，问题票虽不及安灯那么及时，也是一个不错的现场问题解决方法，也是员工参与改善的一种有效途径。

通路二：提案卡。如果你对问题点还能进行分析，并提出改善方法的建议，我们请你填写提案卡。如同问题票，提案卡也是会被归类实施改善的，如表 12-2 所示。

表 12-2 提案卡

提案人：　　　　部门：　　　　日期：

提案名称	
类别	1.合理化建议（　　） 2.创新类想法（　　） 3.其他
目前状况及问题	
改善意见：可附具体实施方案	
以下由部门主管鉴定填写	
初审意见	1.采用（　　）不采用（　　）
	2.形成改善计划书（　　）不形成改善计划书（　　）
	3.综合评价
	4.提案卡奖　　　元

核准　　　　　　　　　　审核　　　□制表

通路三：小组活动。现场存在一些顽固性的问题点，单靠个人的智慧、专业技能是很难解决的。为此，我们由现场跨岗位、跨专业人员组成一个小组，或者称之为课题组，开展攻坚克难。小组通常3～7人，任命可能起到关键作用的×××任组长。问题解决了，小组就解散。小组属于一个临时组织。

每月进行总结、成果发布与表彰；改善的氛围会逐步形成。这样一来，不同岗位、不同经验、不同知识结构的员工都有机会参与改善。

（2）重视微改善。管理者应鼓励员工参与改善，并从细小的微改善入手。这样做有两点好处：一是员工获得参与感，热情会被激发。当员工走在改善的路上，就形成了对现状不满足的意识，这是非常值得赞赏的。二是微改善无处不在。只要员工行动起来，基本上不需要资源投入，只需要智慧与主动性，就容易成功，容易获得成就感。

重视微改善，体现管理者对细小改变的认可与赞赏。管理者需要通过各种方式与途径对员工的参与和微改善表示认可，进行表彰。员工上台领奖，奖励应重仪式感而不应重物质。如果管理者凡事都用物质刺激，而不是重视员工积极参与改善的行为，那么，员工会被引导到"没钱不干活，少给钱少干活"的歧途。

微改善能激发微创新。

如果我们满脑子想创新，想整出一个惊天动地的改变，那么，你会发现，我们好像比较笨，很难找到创新的基点或入口，最终一事无成。

相反，如果我们追求卓越，珍惜与重视每一丁点的进步与改善，我们就会找到创新的入口。如车间高空清扫，清洁工早期的目标是降低安全风险，由高空清扫改为地面吹扫，进而发展为风力清扫。难道风力清扫取代人工清扫不是一种创新吗？

卫生纸抄造需要起皱，会产生纸粉，高速纸机烘缸传动侧往往会配置集尘室，用抽风机形成负压的方式，将粉尘吸引到集尘室和室外的除尘塔沉降。刮刀起皱时会伴随火星。秋冬季节纸尘干燥，水分极低，易产生静电，粉尘带静电待聚到一定浓度时遇火星会形成闪爆，非常危险。一些管理者要求员工更换刮刀时向除尘室洒水来解决问题。如果员工很累，或者偷懒，闪爆就成为可能。一位具有改善思维的员工填写了提案卡，在集尘室装喷淋管，一劳永逸地解决了问题。工程师受此启发，将干法除尘改为湿法除尘，风险降为零。闪爆成为不可能的事情。这种湿法除尘还获得了发明专利。从自动喷淋的建设到湿法除尘，这也是从微改善走向微创新。

以上这样的例子非常多。我们的体会是"微改善能激发微创新，微改善与微创新量的积累会形成运行模式的转型升级"。

在通常情况下，大家认为微小的改善不值一提，对创新又感到遥不可及。如果我们重视微改善，从微改善做起，那么创新就自然水到渠成了。

我们对创新抱着一种神秘感，以为它离我们很远，这是不对的。从当下做起，从微改善做起，从微创新做起，一个不一样的世界就会呈现在你的面前。

第十二章阅读导图

- 改善激发创新
  - 为什么要创新
    - 环境快速改变
    - 创新不足，企业倒闭
  - 创新的入口在哪儿
    - 技术创新入口
    - 管理创新入口
    - 营运模式创新入口
      - 问题票
      - 提案卡
      - 小组活动

第十三章

小组活动

追求卓越的企业纷纷走上了精益管理之路，将小组活动作为发动员工参与改善的重要途径。本章关于小组活动的讨论有助于组织打造卓越的现场。

小组活动为什么难以持续

20 世纪 80 年代前后，品管圈 QCC（Quality Control Circle）作为一种小组活动被引入中国企业管理，甚至开展国家层面的 QC 成果发布会与评奖竞赛。如今，一些企业仍然坚持小组活动，并乐在其中；而另外一些企业，留在人们心目中的只是支离破碎的记忆。

近 20 年来，精益管理越来越受重视，其中"小团体活动"作为 TPM（Totol Productive Maintenance）三大核心价值观（预防哲学、零化哲学、小团体活动）之一，但在具体的改善活动中，一些企业还是不得要领，效果不尽如人意。

于是，我就思考，在一些企业里，为什么小组活动难以持续？小组活动"small group activities"是美国人在总结丰田管理模式（TPS）时经常被提及的一个词，早期翻译成"小团体活动"。"小团体"本是一个中性词，但在国人的习惯中，"小团体"是指不顾大集体的、见不得人的小组织。为此，"小团体活动"这种翻译让人理解起来比较不接地气。随着团队不断开展精益管理，我们才逐步抛弃"小团体"这三个字的负面暗示，将其理解为一个中性词，并在自己的组织内用"小组活动"取代"小团体活动"的提法。"小团体活动"这种提法本没有错，但它让人们的理解变得困难。这样一来，它使我们有机会展开下面的讨论。

（1）你的组织为什么需要小组活动？成熟的组织建立了清晰的业务流程和管理流程。先做什么？后做什么？谁来做？如何做？应耗用多少费用？应在多长时间完成？应做什么样子？一切都被定义得清清楚楚。是不是这样，一切就可以按部就班，生产线就可以顺畅运转呢？答案是显而易见的。

由于很多业务需求被细化为一个又一个的岗位与岗位职责，高度的专业化分工使有些岗位上的员工无法对整体负责，也没有能力对整体负责。这样一来，问题就来了，现实的情况是产线与机器经常出问题，而单个岗位上的人员又无法解决问题与排除故障。

聪明的组织就针对问题适时组建一个跨部门与跨职能的小组，可能是 5～7 个人，牵涉面广且有复杂问题的人数可能会稍多一些。通过小组活动的形式，解决问题与排除运行故障。更聪明的组织在组织内部建立开展小组活动的机制与文化，让员工自动自发地开展小组活动。改善氛围比较好的企业，其小组活动相对会比较活跃。

以上讨论告诉我们：岗位职责的专业化与碎片化无法应对多专业、多职能的问题，从而使小组活动成为追求精益与卓越的企业对正式组织活动的重要补充。

（2）小组活动雷声大、雨点小。一些企业为小组活动而进行小组活动，重视形式，忽视内容与目标。没有内容与目标的小组活动自然雷声大、雨点小，甚至如一阵风。风吹过，不见雨点。从高层管理者到小组活动成员，没有理解为什么需要开展小组活动，当你能够理解小组活动的价值是解决单个岗位或职能无法解决的问题时，就不会将小组活动理解为一个为形式而采取的形式。当找到内容（要解决的问题）之后，你会发现这种形式是解决问题的途径，而且是一种很好的途径。

（3）问题意识。如果你没有问题意识，或者你不能有效意识到问题的存在，你就不会驱动问题改善，也就不需要小组活动。因此，问题意识是小组活动之源。

那么，怎样在组织内培养问题意识呢？为什么一些人看不到问题的存在呢？

我们必须清楚地理解什么是"问题"。问题就是现状与目标之间的差距。一方面，你的组织是否建立了清晰的目标？目标是否被细节量化？如果你的目标不够高，或者细节是模糊的，你是无法意识到问题的，因为你无法比较。所以我们常说，工作应被目标驱动，应以终为始。另一方面，你对现状有清晰的把握吗？现状被测量了吗？没有测量就没有分析，没有分析比较，问题也就不存在。

另外，是否建立了追求精益与卓越的文化？当一切都习以为常，不去追求最大限度地减少浪费，不去追求卓越，你的组织失去了原生动力。没有问题，何需小组活动？

（4）被忽视的点滴进步。小组活动是为了解决问题和改善现场而临时组建的，问题解决了，这个小组就解散了，针对下一个问题，又一个小组诞生了。小组活动有时成绩显著，更多的时候，进步显得微不足道。如果这些微不足道的小进步、小改善不能被高层认可、肯定或赞扬，而是被忽视，你可以设想下一步的情形。

多数情形是老板与高层很忙，过度的结果导向，急于求成，忽视过程，忽视过程中点点滴滴的进步，小组活动没有"实际性"被看重，仅是开动员会时"口头上"被看重。其结果，必然是热一阵子之后，老板忘了这事，这事也就到此为止了。

总而言之，小组活动难以持续的原因通常是：

> 是否理解了小组活动存在的必要性；
>
> 是否建立了改善的机制和文化；
>
> 是否树立了问题意识并掌握问题识别方法；
>
> 点滴进步是否也被重视，是否给予小组活动积极正面的评价与肯定。

问题源

如果没有问题，改善就无从谈起。当我们认为故障是必然的，故障维修是理所当然的，我们认为设备带病、带缺陷运行就不是一个问题。为此，认为定修（大修、中修、小修）是合理的，没有什么不恰当。既然定修是合理的，点检与消缺就可有可无，没有那么重要。以上这些认知是设备陷入故障检修的总问题源。为此，我们需要对比传统设备管理的理念和方法与设备运行标准化管理模型之间的差异。

要想理解以上讨论的含义，我们需要梳理一下问题与问题点。

问题是现状与目标或标准的差距。这样谈问题比较空泛，我们通常对某一个问题进行细节量化，目标是多少，标准是什么样子，再测量一下现状是多少，现物是什么样子，我们将二者对比，将问题具体化了，喜欢用问题点来说明某一具体问题。举个例子吧，设备故障多是一个问题，给人感觉比较空泛；9月设备因故障停机三次，共计17个小时，其中机械故障一次，停机6个小时，电气故障两次，停机11个小时，这是一个问题点，问题具体化了。我们倡导多谈问题点、少谈问题。既然如此，目标是什么，标准是什么，这是首先应该明确的。如果我们没有树立零故障目标，对设备出现故障，就不认为是问题；如果我们没有建立设备运行的四大标准，就无法判断什么是对的，应该如何做，为什么这种行为是问题点。

问题的分类：我们会发现现场的问题点非常多，如果对现场的问题点做一些梳理，可以便于我们落实责任与整改。我们通过对问题点的分类讨论，针对问题点设计适宜的通路与方法就成为可能。问题点的分类方法有多种，为便于明确责任与设计解决通路，我们按问题的难易程度进行分类，如图 13-1 所示。

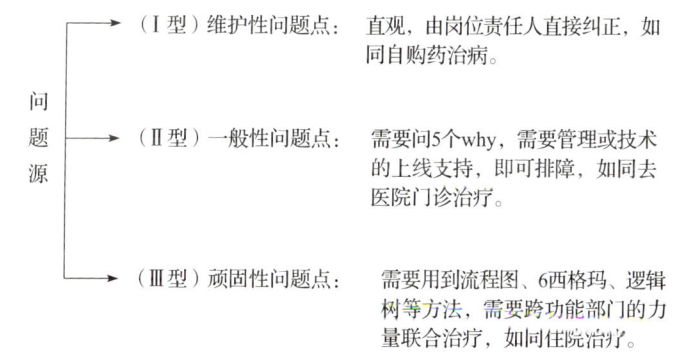

问题源
→（Ⅰ型）维护性问题点：直观，由岗位责任人直接纠正，如同自购药治病。
→（Ⅱ型）一般性问题点：需要问5个why，需要管理或技术的上线支持，即可排障，如同去医院门诊治疗。
→（Ⅲ型）顽固性问题点：需要用到流程图、6西格玛、逻辑树等方法，需要跨功能部门的力量联合治疗，如同住院治疗。

图 13-1 问题的分类

Ⅰ型问题点岗位自理，班组内解决；Ⅱ型问题点班组内解决有困难，需要上级支援，在部门内可以解决；Ⅲ型问题点对流程效率影响大，查找真因比较困难，牵涉专业面广或者专业技术较高，需要跨部门的力量，甚至外部资源，需要公司层面集中力量来攻克。问题来自现场，对现场而言，就像将问题点送医院住院治疗。当现场存在大量的Ⅱ型与Ⅲ型问题点时，Ⅰ型问题点会多起来，现场乱象环生，说明员工的困难没有及时解决。现场乱象环生，管理者习惯抱怨员工执行力差，执行力差的根源在上，在管理者身上，而不在下，不在员工身上。为此，管理者应重视Ⅱ型与Ⅲ型问题点的及时解决。

焦点课题

通过以上对问题源的梳理与盘点，Ⅰ型问题点通过强化岗位职责和班组建设即可解决。

当班组普遍存在类似问题时，说明我们需要改善机台或流程设计，Ⅰ型问题点上升为Ⅲ型问题点。我们在前面章节的讨论中讲过，如何让员工的工作变得轻松，不易出现差错，即省人省力化和傻瓜化，就是将普遍的Ⅰ型问题点上升到Ⅲ型问题点来解决。

朱兰博士和戴明博士都有类似发现,"现场85%的问题应由管理者承担责任",意指85%的问题点是系统造成的,而管理者正是系统的责任人。朱兰质量三部曲,即"质量策划、质量控制、质量改进",其中质量改进就是指解决系统性的、顽固性的问题点。解决了这类问题点,质量可以提升并处于一个新的高水平状态。现场的设备问题关系到质量、成本、效率等,顽固性质量、成本、效率问题的背后往往存在系统性设备缺陷,这些问题聚焦于Ⅲ型问题,我们将称之为焦点问题。针对焦点问题展开的课题改善,称之为焦点改善。

小组活动(SGA 与 SDA)

盘点完问题源之后,我们就懂得了小组活动的必要性。针对Ⅱ型问题点,一般只需要部门内的资源,可以通过部门来组织小组活动解决,我们称之为 SGA(Small Group Activity)。针对Ⅲ型问题点，需要公司内外资源，需要公司层面组织跨职能的小组活动解决，我们称之为 SDA（Skill Development Activity）。

SDA 通常是企业中存在的跨职能、多专业的复杂难题，反复发生，长期存在，这样的问题解决起来难度大，需要的资源多，既包括内部资源，也包括外部资源。内部资源是公司一切的资源，外部资源包括设计院、供应商等。这样的问题一旦解决，就会形成一种突破，让整个运营系统跃升到一个更好的状态。这种问题是现场问题的主要组成部分，戴明说现场 85% 的问题是系统造成的，对系统承担责任的是管理者和工程技术人员，SDA 就是这类问题。解决起来相对困难一些，需要用一些相对复杂的解决方法。

小组活动是建立在针对解决问题需要的基础上。没有问题意识和问题点的分类管理，小组活动就失去了基础、目标与方向。

图 13-2 左侧是问题解决的内在逻辑，中间是具体步骤（问题解决七步法），右侧是组织形式，通过组织的活动展开问题解决的步骤。

第十三章 小组活动

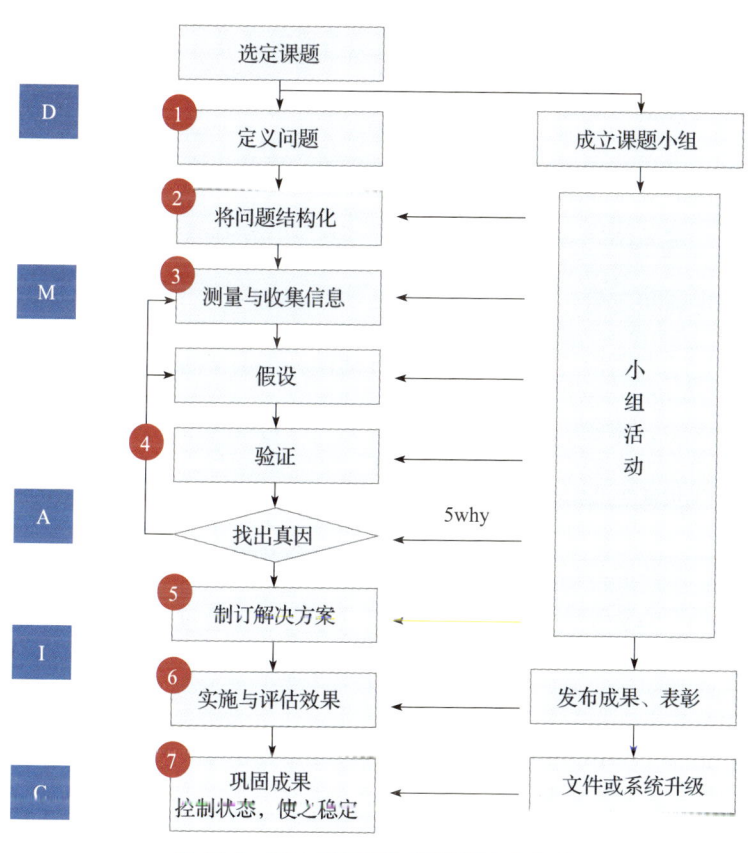

图 13-2 SDA 的展开与问题解决七步法

选定课题。课题往往来自影响目标达成的主要障碍与问题点，但选定的课题往往是现象或结果，不一定是"真实的问题"，真实的问题往往隐藏在复杂的现象背后。只有找到真实的问题点，或者问题的真因，我们才有办法制订有效的解决方案。问题解决的难点是"如何分析出问题的真因"。

定义问题。正视课题往往不是"真实的问题"，为此，在选定课题之后，小组的第一次活动是定义问题。定义问题是指界定范围和确定问题的主要评价指标。在定义问题时，很容易陷入第一印象陷阱，同时需要避免高层与技术层权威意见压制一线员工意见。通常，这种情形是在无意识的状态下发生的。为此，格艾公司在辅导时强调"三现"（现物、现场、现实）主义和以事实为友，用白帽思维呈现事实，在会议中让低职级员工先发言。

将问题结构化。问题产生的原因有很多，我们可以用逻辑树对可能的原因进行层层展开与拆解，展开与拆解的过程就是结构化的过程。结构化的重点与难点是拆解，通过拆解将复杂问题转化为元问题。拆解过程中需要组合使用层别法、流程图、逻辑树、5why、六项思考帽、头脑风暴法等管理工具。

这样说显得空洞，格艾顾问在手把手辅导具体案例时会一一演绎这些工具的组合应用。这对新手来说是有一定难度的，多训练就会熟能生巧，一旦掌握了，你将成为解决问题的高手。

> 元，初始的意思。元问题就是初始问题。复杂问题是各种元问题和关联问题综合作用的结果。设备故障频繁是复杂问题，传动柜逆变器风扇不转是元问题；千人工伤率高达9%是复杂问题，升降机刹车失灵是元问题。
>
> 对于复杂问题不可以直接采取纠正措施，元问题是可以采取纠正措施的具体问题点。解决复杂问题需要先将问题进行拆解，用逻辑树和流程图进行拆解，将复杂问题拆解为一个又一个的元问题。这些元问题与关联问题混杂在一起，我们需要通过5why和假设验证来确定哪些是元问题，哪些是关联问题。问题的真因可能隐藏在不同层级、不同类别的元问题之中。

测量与收集信息。将问题结构化拆解之后，我们可以列表罗列需要测量的数据和需要收集的信息，信息包含数据。

假设与验证。要收集的信息有很多，根据以往经验，应剔除一些显著无效的信息，假定有3～5种可能性最大的原因，进行5why分析，验证其真实性。当一轮下来之后，还未找到真实原因时，重复以上假定、5why分析和验证，直到找到真因。重复假设时，将前一轮假定的可能因素排除掉，从上一轮排除的因素中找出3～5个最可能的原因重新假设。

当真因找到了，后面的措施就清晰、具体了，困难往往在以上步骤中。

当问题得到有效解决之后，我们需要增加一些资源，并重新优化SOP，使问题不会反弹，得到有效控制。

当问题只是部分解决，我们需要重新确定课题、界定范围和定义问题，需要一个新的SDA，直至问题彻底解决。

在实际课题中，有时进行第一步时问题的真因就浮出了水面，有时在进行到第二步时问题的真因才浮出水面。复杂的问题需要进行到第三步、第四步,问题的真因才会浮出水面。从第一步到第二步,从第二步到第三步,从第三步到第四步,是环环相扣与步步涌现。涌现是"水到渠成+自动浮出"的意思。如果不能自动浮现出下一步该怎么办,那么就需要回到上一步,是因为上一步不够严谨与不够充分。相对简单一些的问题在第一步和第二步时可以直接进入第五步与第六步。这些,只有你按照以上七步法去做个课题,才会体会得到。第一步和第二步都非常关键,都有难度,都需要突破习惯性思维、经验思维,严格进入结构化、理性化的状态。如第一步定义问题,我们很容易陷入已有的固有思维定式,看到问题的一部分,而不是全部。在这里,我要强调白帽子思维和"三现"主义思维。白帽子是六顶思考帽之一,白帽思维只呈现事实,不做判断,不带情感,用数据呈现事实。我们需要对数据进行必要的层别,这样才能将问题识别出来。问题是现状与目标的差距,定义问题就是将现状(事实)与目标状态进行对比,界定要解决问题的范围及组成部分。

大家接触过问题解决四步法与八步法，这些方法在原因分析方面拆解得不够细，学员易学却难以产生实际效果。问题解决七步法融合了麦肯锡思维（以事实为友，将问题结构化，大胆假设、小心求证）和六西格玛思维，按照以上七步法做焦点课题时，可以有效克服分析原因流于表面，不能解决问题背后的问题（真问题），初学难度大，但熟练后几乎可以解决99.99%的难题。

综上所述，目标与标准是基础，在追求卓越目标的路上，一定伴随着各种各样的问题，这些疑难杂症就需要通过小组活动来解决。追求卓越设备运行管理，追求零故障的高效目标，需要通过小组活动来排障。

第十三章阅读导图

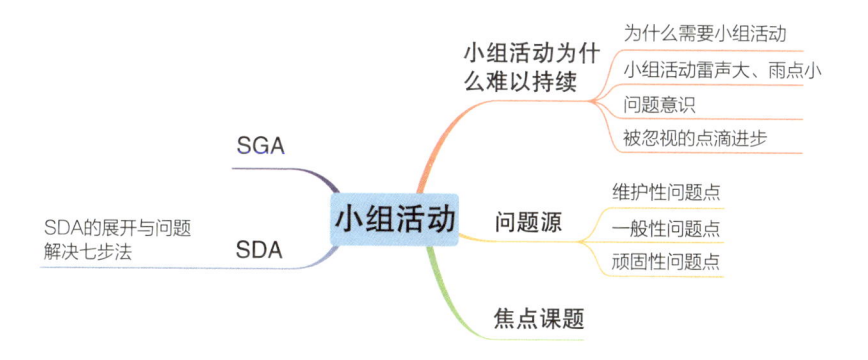

- 小组活动
  - 小组活动为什么难以持续
    - 为什么需要小组活动
    - 小组活动雷声大、雨点小
    - 问题意识
    - 被忽视的点滴进步
  - SGA
  - SDA
    - SDA的展开与问题解决七步法
  - 问题源
    - 维护性问题点
    - 一般性问题点
    - 顽固性问题点
  - 焦点课题

本篇小结

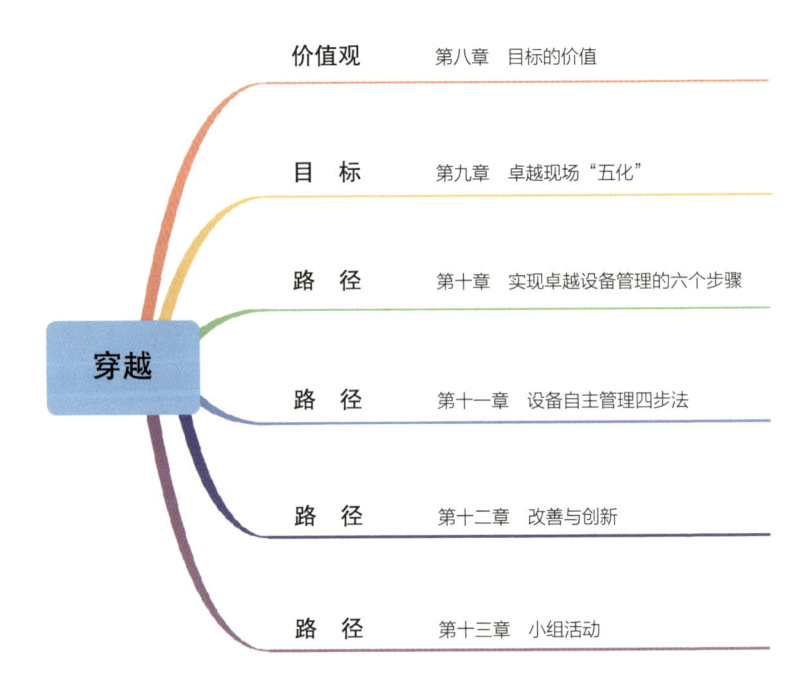

穿越		
价值观	第八章	目标的价值
目　标	第九章	卓越现场"五化"
路　径	第十章	实现卓越设备管理的六个步骤
路　径	第十一章	设备自主管理四步法
路　径	第十二章	改善与创新
路　径	第十三章	小组活动

（1）本篇阐述的所有内容都存在着内在的联系，这种联系被一个思想指引着，这个思想就是精益思想。尽管本篇没有

直接介绍精益思想。通过精益化的手段实现卓越设备运行管理，这是本篇阐述的主要内容。

（2）卓越设备运行管理的目标是设备零故障运行，其核心价值观是"做简单的管理，做轻松的工作"。

（3）目标驱动过程，零故障运行的目标让我们策划了第六章所介绍的设备零故障运行管理模型。这一模型介绍了实现零故障运行的主要过程，设备现场管理"五化"是实现这些过程的主要途径。

（4）目标驱动行为，我们对员工行为及行为结果的每一点点进步都充分认可与赞赏，这一行动进一步强化了目标对行为的驱动。在第十二章《改善与创新》和第十三章《小组活动》中，我们阐述了具体做法及这些做法背后的价值观与逻辑。

（5）复杂问题的解决需要掌握一些套路，六西格玛问题解决DMAIC五步法与SDA问题解决七步法的底层逻辑是一致的。

（6）实现零故障卓越设备运行管理是需要循序渐进的，我们在第十章和第十一章解读了这些步骤及步骤之间的内在联系。

| 第三篇 |

PART 3

智　造

在前面的章节中，我们讨论了如何重构，使设备运行管理走向标准化，在此基础上如何穿越乱象并通过精益管理打造卓越现场、领先竞争对手的高效的现场。我们讨论到影响设备稳定运行的最大因素是人的工作失误，对此有效的方法是推进智能化。追求卓越竞争力的企业，在标准化与精益化的基础上，走向了设备运行管理智能化的道路。

设备运行的智能管理是一个发展中的新课题，越来越多的企业走在路上，这意味着需要不断地拥抱新技术，不断地进行技术创新、流程创新、管理创新，永远走在创新的路上。

智造已来。

第十四章

诊断智能化

我们谈智能会涉及以下的思考：

一、如何让设备具备智能？

二、设备需要哪些智能？

三、设备智能化与自动化之间有什么差别？

四、如何让管理具备智能？

五、管理智能的载体是什么？

六、诊断的智能化指的是设备智能还是管理智能？

让设备具备智能，这是每一个企业提高效率的重要途径；设备需要哪些智能，应根据企业发展需求与环境条件来确认；设备智能化与自动化是有差别的，自动化替代人的体力劳动，如 DCS、QCS、SCADA 等，智能化替代人的脑力劳动，它让设备具备像人一样思考、学习与判断的功能，如 AlphaGo；让管理具备智能的载体是 IT 系统，如 ERP、MES；诊断智能化既包含工具的智能化，又包含设备的智能化，还包含系统的智能化。

从人工点检到智能诊断

点检是检查设备运行的各项指标（参数）的符合性与变化趋势，从而识别设备缺陷。早期的点检，人们借助一些简单工具（如听筒、红外线测温仪等），通过"望、闻、切、测"来实现。望，就是看，看是否泄漏，是否开裂，是否位移，是否松动。闻，闻味道，是否有焦化味道，是否产生不寻常的味道。切，就是触摸，像医生切脉一样，通过触摸感受设备是否跳动，振动是否在可接受的正常范围内。测，就是通过听筒感受设备跳动与振动，通过测温仪检查温度，通过振动仪测振幅，等等，并将以上数据与信息填写在点检记录表上，通过比对看状态符合性与劣化趋势分析。由此可见，点检规范性及所记录数据的真实性显得尤为重要。

由于人的"望、闻、切、测"式感触会产生误差，并且填写记录时极易弄虚作假，录入数据与信息又耗时，移动互联、智能传感让我们有机会升级传统的点检方式。智能手机是一个很好的平台，我们可以考虑以智能手机为平台开发智能点检系统。新一代的集测温、振动于一体的传感器已被成功开发，并可通过互联网和 Wi-Fi 传输的手持移动点检仪开始应用于设备运行点检，不仅提升了点检测量的规范性，而且不需要人工录入数据及避免了录入误差，图 14-1 所示的就是智能终端＋智能传感单元。

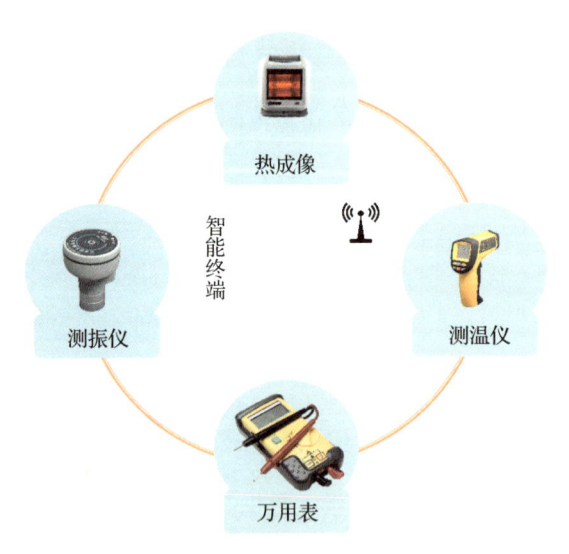

图 14-1　智能终端＋智能传感单元

手持移动点检平台与计算机、DCS、QCS 等联为一体，构成设备诊断分析大数据的来源，也为实现多维的设备诊断分析提供数据，如图 14-2 所示。

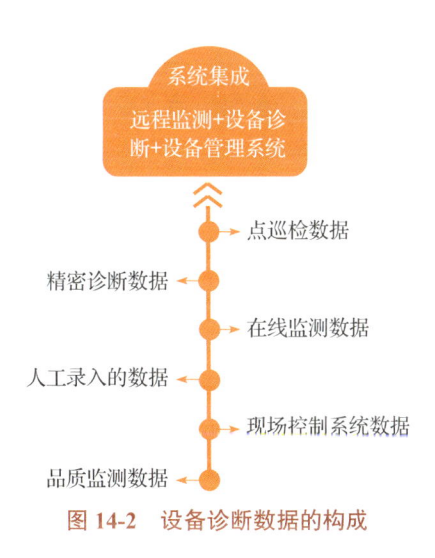

图 14-2 设备诊断数据的构成

案例一　马鞍山 ××× 纸业公司与上海士翌测试技术有限公司联合开发设备智能监测系统简介

案例一是正在进行并不断优化的实例，它展示了马鞍山

×××纸业有限公司已经走在智能诊断开发探索的路上。其状态监测包含在线测量与移动点检,提高了点检的及时性与可靠性,通过开发专用 App 利用大数据进行趋势分析,从而实现智能诊断,如图 14-3 所示。以上数据传输利用移动互联网实现,不需要另行开发。在智能手机上装上移动点检仪专用 App,利用数据采集开发一些自动传输数据的智能型的传感器,当前市场上已经有大量成熟产品可供选择。

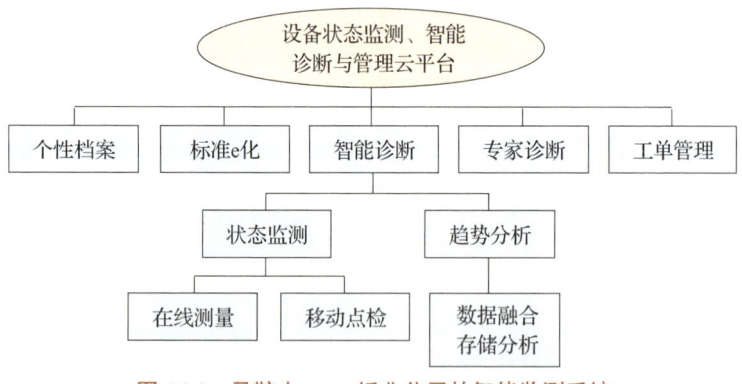

图 14-3 马鞍山 ××× 纸业公司的智能监测系统

建立个性档案:按流程与子系统识别所有的设备,把设备的基本信息(设备的名称、编号、型号、类型、等级、功率、基本参数、供应商信息等）录入系统。

建立零部件库：识别每个单体设备的易损件（名称、编码、型号、规格、数量、备件等级等），易损件的库存信息与 PM 模块有效链接。

建立设备资料库：说明书、图纸与设备对应上传，提升检索效率。

建立设备履历表：将设备的使用启停记录、维护检修、检修过程的备品更换、故障原因分析，以及监测报告等随时录入系统。这样做，一是方便查询，二是为系统智能分析提供数据支持。

标准 e 化：将设备管理的四大标准（点检标准、润滑标准、操作标准、检修标准）录入系统。这样做，一方面为组织提供了知识储备，另一方面为系统的智能分析提供了数据支持。例如，润滑"五定"（定点、定人、定质、定量、定期）定义清楚，基础数据录入系统后，系统会定期跳单与报警，指导润滑人员精准作业。点检点及标准可视化，直观明了，组织的能力提高了，新员工接受简单的培训，在系统的支持下很快就能进入角色。图 14-4 为点检标准 e 化。

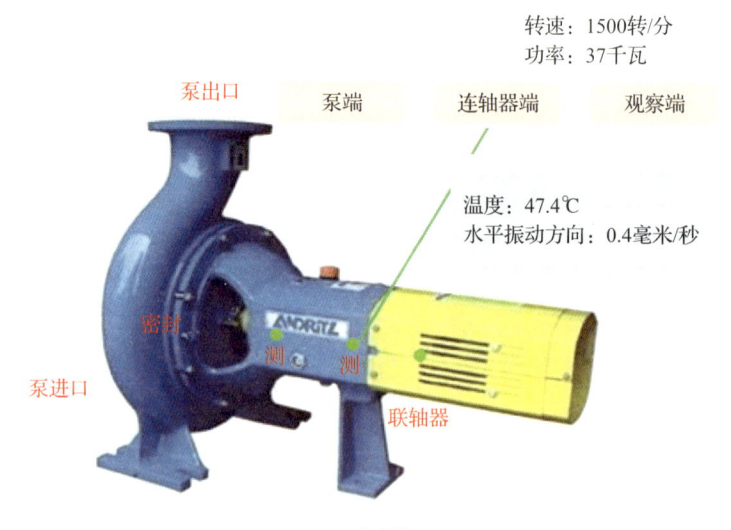

图 14-4　点检标准 e 化

智能诊断：我们前文提到，点检是检查设备运行的各项指标（参数）的符合性与变化趋势，从而识别设备缺陷。此系统也是按此指导思想进行开发设计的。

状态监测：通过 DCS、QCS 及现场安装的各类传感仪表采集的数据，与设备运行标准参数范围进行比对，判断当前设备运行的状态，当不符合要求时系统会自动报警；通过移动点检仪对现场没有安装在线监测的设备进行点检，将采集的数据通过点检仪和现场的 Wi-Fi 上传至系统，系统自动实现与标准比对互动，点检员可当场判断设备是否正常运行，系统会自动做出状态变化趋势推移图与标准对比图。移动点检仪的使用可参考图 14-5。

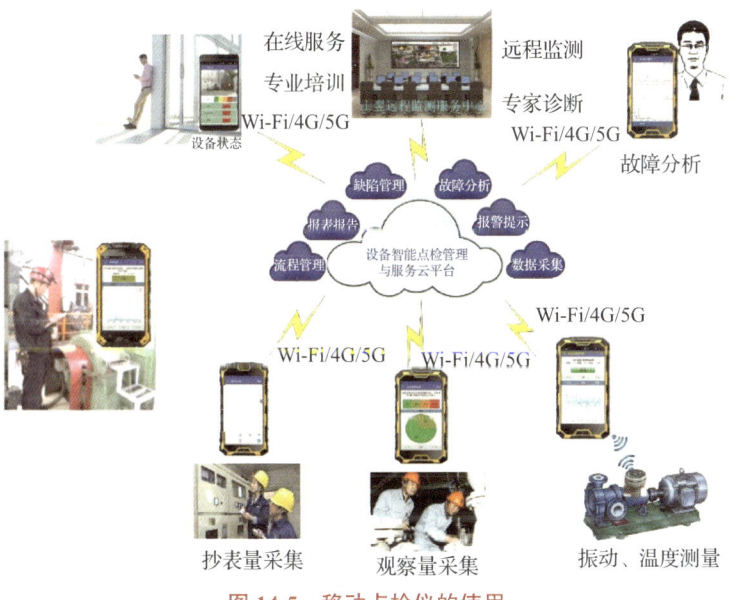

图 14-5　移动点检仪的使用

移动点检仪具备以下功能。

- 抄表量采集、观察量采集、录音、拍照录入。
- 对讲机、手电筒、GPS 定位。
- 电子标签、二维码或 NFC 标签功能。
- 可内置人员身份信息、设备信息。
- 振动、温度测量：配合小蘑菇传感器，可测量振动值、振动波形或 FFT 谱；内置的红外测温，可测量轴承温度。

图 14-6 为移动点检。

图 14-6　移动点检

通过车间现场 Wi-Fi 将数据直接记录并传输至 PC 机。

手持移动点检仪的使用步骤：制作电子标签→扫描标签→调出检查项目→实施点检→自动录入系统。

趋势分析：早期，由专业的工程师对收集存储的数据进行统计分析，找出隐性的问题点，安排相关人员进行改善。当数据积累到一定程度的时候，系统可以自动识别潜在的问题点。图 14-7 为数据趋势分析。

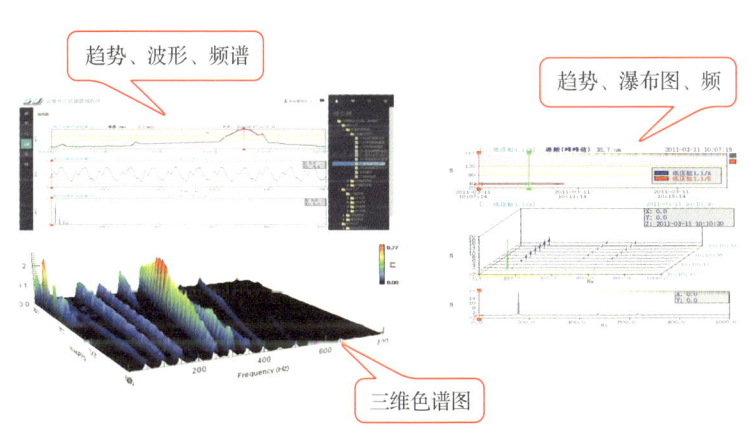

图 14-7 数据趋势分析

专家诊断：建立远程监测服务中心，所有的数据通过因特网传输，相关专家可对设备进行远程诊断，对现场作业进行辅导与培训。

工单管理：依据设备的等级、点检标准与管理职责，系统会自动生成各岗位的点检工单，各岗位人员按工单要求进行作业，系统会自动统计点检人员的工作完成情况，对未按时完成的，系统自动报警，提出维保工单。

对点检发现的问题，系统生成维保工单，根据维保工单组织预知检修，预知检修完成后，系统会自动更新设备履历表。当个别检修项目在开机状态下不能完成维修时，此项目会自动进入停机检修事项清单内。

智能管理与智能制造的深度融合

现场管理者会发现，在高空处、高温处、高湿处、狭窄处、高危处，就是配上了手持移动点检仪，还是存在触摸不到的地方，而且人身伤害风险高。聪明的设备供应商在高速、高温，以及高温的传动部位配置了稀油自动润滑和传感器，形成了设备的自润滑、自诊断与自报警，使智能点检与智能制造走向深度融合。例如，×××公司引进了西门子技术，实现了智能制造与智能管理的深度融合，实现了智能智造。

案例二　×××公司造纸车间智能管理 MES 与智能制造 DCS、QCS 等深度融合原理介绍

MES 的全称是制造执行系统（Manufacturing Execution System），MES 是车间生产活动管理及优化的硬件和软件的集合，这些生产活动涵盖从订单到产品的全过程。

×××公司数字化工厂以 MES 为核心，各系统之间数据自动对接，将智能制造与智能管理深度融合，如图 14-8 所示。

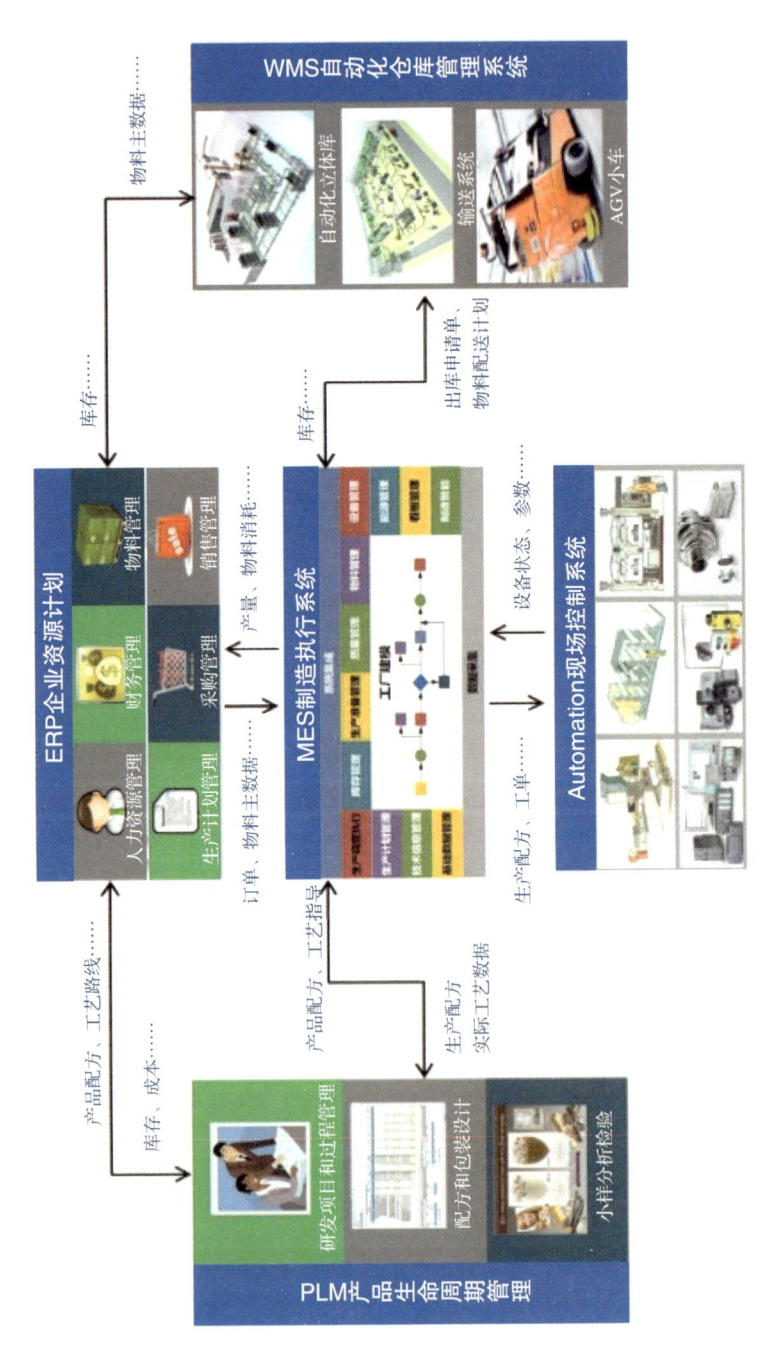

图 14-8 以 MES 为核心的数字化工厂

MES 与 ERP（Enterprise Resource Planning，企业资源计划）对接，ERP 处于计划层的管理信息系统，而 MES 处于执行层的管理信息系统，ERP 给 MES 下达生产计划，MES 向 ERP 反馈有效的生产信息数据，对企业的计划进行指导和处理。比如，MES 读取 ERP 的客户订单、物料等数据，反馈给 ERP 当前产量、物料消耗等数据，实时更新订单、实际产量、富余产能、物料等数据。

MES 与 PLM（Product Lifecycle Management，产品生命周期管理）对接，比如，MES 读取 PLM 相关研发生产配方，反馈给 PLM 实际生产配方、工艺数据，循环更新并完善产品的生产配方、工艺参数等重要数据。

MES 与 WMS（Warehouse Management System，仓库管理系统）自动对接，比如，MES 读取 WMS 的库存、备件等数据，反馈给 WMS 出库清单、物料配送计划，实时更新仓库物料、备品备件等库存量。

MES 与 Automation（现场控制系统）自动对接，比如，MES 读取设备状态、重要参数等数据，数据实时归档，反馈给 Automation 生产配方、活动工单等信息，实时监控并调整设备的运行情况。

由于本书重点讨论设备零故障运行，为此下文重点介绍 Automation（现场控制系统）是如何实现自诊断、自润滑、自报警的。

纸机现场控制系统由以下系统组成。

（1）DCS（Distributed Control System，集散型控制系统）。它是一个由过程控制级和过程监控级组成的以通信网络为纽带的多级计算机系统，主要用于纸机浆线设备的过程控制及协调各控制系统间的通信指令，如图 14-9 所示。下面以纸机故障原因自诊断、自报警案例来说明，怎样利用 DCS 的运算监控功能实现故障的自诊断、自报警。

第十四章 诊断智能化

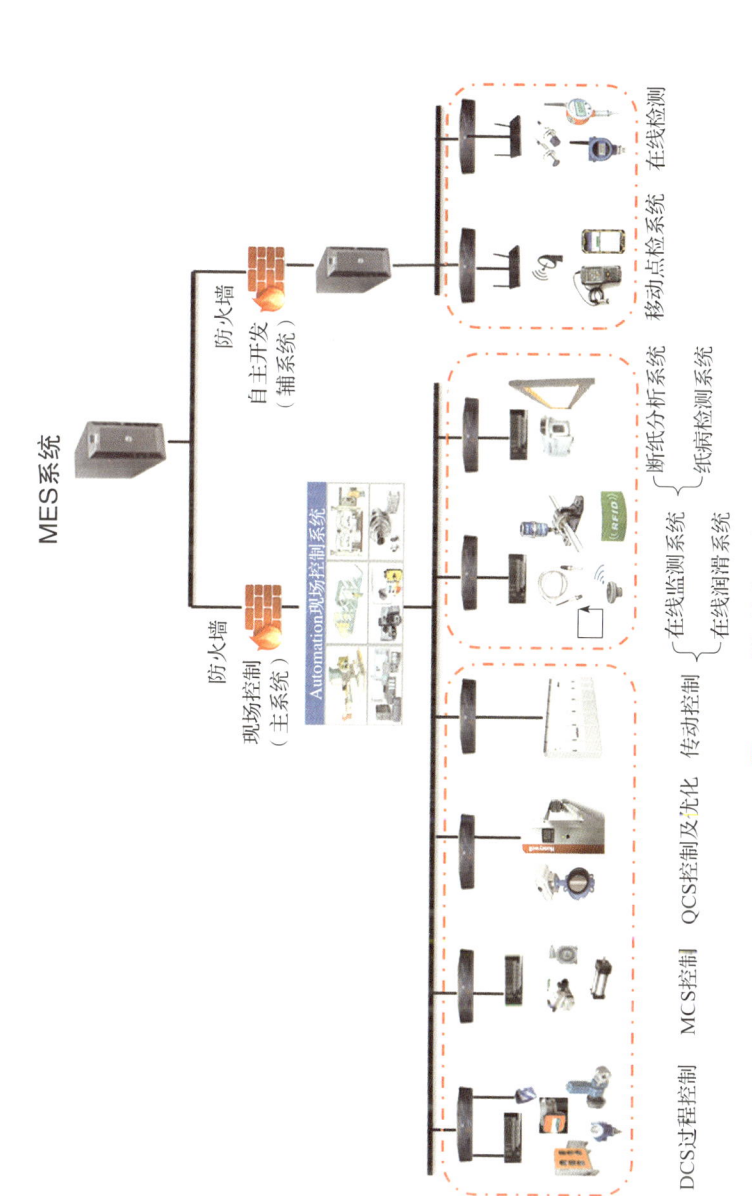

图 14-9 现场控制系统

造纸行业的自动化程度高,仪表、传感器、信号源也多。特别是当信号接触不良或者时好时坏,一般很难查找出其故障点。当我们把各相关连锁点的逻辑梳理清楚(见表14-1),并录入DCS系统,DCS自动监控并锁定系统停机的连锁点。这样做,当发生异常停机时直接打开相应的故障自诊断画面,就能快速、高效地找到故障停机的原因。

表14-1 纸机停机连锁清单

上浆系统连锁			
序号	信号名	信号描述	备注
1	TB3-HS-0511 FB Open	网层上浆阀打开	
2	TB1-LIC-0331>30%	网层上浆池液位 >30%	
3	TB3-UE-051 MFB ON	网毯层冲浆泵电机运行	
4	Release Stock To PM	强制释放在 PM 控制	
5	Stock Group Synchronise OK	网毯上浆泵同步运行	
6	Press Section Closed Signal	压榨辊合上信号	

如图14-10所示,当纸机发生故障停机时,由于主压力筛密封水流量连锁导致纸机停机,图中小方框中的数字代表报警

的优先顺序。显然是由于密封水的压力不够导致纸机异常停机，维护人员应该检查相关密封水管道及检测仪表是否正常，并采取改善措施。

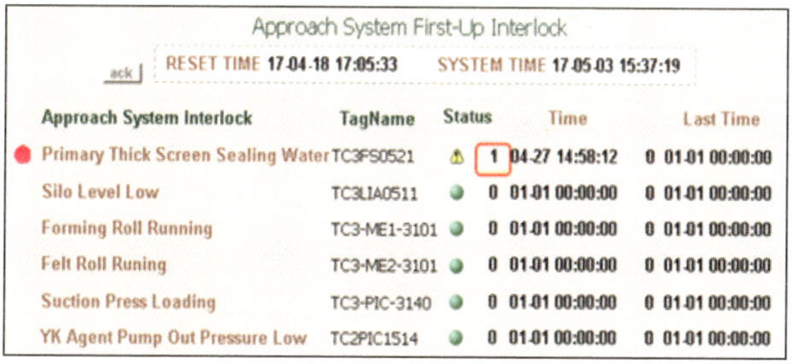

图 14-10　纸机上浆系统故障诊断画面

当相关停机连锁自诊断比较完善时，应优化相关连锁信息，梳理出哪些信号能做自预警，以便于相关人员及时处理，从而避免停机的情况再次发生，如表 14-2 所示。

表 14-2　纸机预警清单

信号名	信号描述	预警值	连锁值
TB1-LIC-0331<30%	网层上浆池液位 <30%	45%	30%

续表

信号名	信号描述	预警值	连锁值
Instrument Air Pressure <4.5Bar	压缩空气压力 <4.5 Bar	5.5Bar	4.5Bar
Yankee Coating Pressure < 0.5Bar	杨克涂料压力 <0.5 Bar	0.7Bar	0.5Bar
TB1-LIC-043 <30%	毯层上浆池液位 <30%	45%	30%
TB3-PI-0521>10Bar	网层压力筛进口压力 >10Bar	8.5Bar	10Bar
TB3-PI-0541>10Bar	毯层压力筛进口压力 >10Bar	8.5Bar	10Bar

在现场我们还可以安装相应的报警器，做相关信号的预警，如图 14-11 所示。

图 14-11　纸机上浆系统故障诊断画面

（2）MCS（Machine Control System，纸机控制系统）。它是针对纸机本体除传动系统之外的设备控制，对于自动化而言，该系统和我们通常所说的DCS没什么区别。

（3）QCS（Quality Control System，质量控制系统）。在线全过程监控产品定量、水分等数据。QCS把干部纸的横幅定量、水分等信息自动传输给湿部稀释水执行器，使其自动调节稀释水阀的开度大小，确保产品质量的稳定性。

（4）传动控制系统。它是指纸机对相关传动设备的控制。

（5）在线监控系统。通过装在生产线和设备上的各类监测仪表，对生产及设备的温度、震动信号进行连续自动监测并上传至接收端，当发生状态异常时，系统会输出相关报警信号。

（6）在线润滑系统。该系统实现了在线多点精确润滑，通过配置相应的润滑控制器实现其自动润滑功能，集中润滑能达到润滑定点、定量、定期、定质的效果，在关键润滑点加装传感器，使之与标准值比对，异常时实时报警。

（7）WMS（Web Monitoring System，断纸分析系统）。它

记录生产过程中关键事件的视频图像，如通过断纸分析系统发现断纸、尾部递送和缺陷。记录的图像可用于回放，操作人员可以迅速找到问题的根源并解决问题。

（8）WIS（Web Inspection System，纸病检测系统）。该系统利用视觉成像的原理，将纸幅图像传送给专用的图像处理系统，根据像素大小和亮度、颜色等信息，转变成数字化信号；监视并判断纸面存在异物的情况并实时记录。简而言之，纸病检测系统就是利用机器代替人眼来做纸面异物的各种测量和判断。

（9）移动点检系统和在线监测。这个系统是该公司自主开发的。

总之，实现设备自诊断、自润滑、自报警不是一句空话，需要我们不断地尝试和改进。

人工点检与精益管理也能实现零故障运行目标

企业的设备运行点检应从高效、低成本与可靠这三个方面考量和采取适宜的方式。一些企业不是从现场管理的需要出发，而是盲目地跟风，引进一些智能化系统，结果事与愿违。设备运行的诊断智能化发展需要因地制宜、循序渐进。点检的标准化是基础，目视化与工具智能化是主要精细手段。没有点检的标准化与精细化，一味地追求智能化，很难得到你想要的结果。为什么会这样呢？我们需要回顾一下什么是点检。点检是检查设备运行指标（参数）的符合性与变化趋势。这就意味着点检前应建立与明确设备运行的指标（参数），这些指标是需要摸索与优化的。当初期处于人工"望、闻、切、测"阶段时，人与设备的互动更为频繁，这有利于这些运行指标的摸索与优化。

如果你的生产线在新建立阶段就将一切寄托于智能点检与智能制造，那么，你需要设备运行指标（参数）的积累与沉淀。否则，当你失去这些基础性的数据时，智能诊断就没有对标的标杆。而人的"望、闻、切、测"还可以在一些极易掌握的基本经验之上进行判断，判断设备运行的状态是否存在缺陷与异常。

实践证明，很多情况下，只要你和你的团队建立了零故障运行目标与精益管理的理念，不花钱或通过极少的投入，也可以实现或接近零故障运行。2005年12月，潍坊恒安热电公司发电机组正式与山东恒安纸业公司组网运行。为了降低运行成本，纸业公司与热电公司脱离公共电网进行孤网运行。这样一来，对设备运行的要求非常高，纸业公司与热电公司任何一方出现故障停机，都会引发对方的停机。从此，设备的零故障运行成为两个公司设备运行管理的一致目标。下面的改善案例值得我们去研究，它在没有投入的情况下，基本实现了长期的零故障运行。

案例三　潍坊恒安热电公司精益生产"零故障"运行经验交流

潍坊恒安热电公司是一家与山东恒安纸业公司进行热电联产的热电企业，电厂和纸业捆绑孤网运行。该公司目前有4

台锅炉（三用一备）和 3 台汽轮发电机组（两用一备），其生产的"电和蒸汽"主要是满足恒安纸业公司的生产需求，以及冬季向城区供暖。

该公司的产品电和蒸汽不能以库存的方式储存，故该公司生产模式为按需生产、零库存运行。又因该公司系孤网运行，如果该公司的生产设备运行出现故障，其联产的企业将因断电、断汽被停产，损失巨大。所以，"安全生产，零故障运行"成为该热电企业的首要工作目标。

自 2005 年 12 月投入运营以来，该公司仅发生 3 次意外故障跳电，积累了成熟的零故障运行经验，兹总结如下。

一、设备的精益管理

热电企业属于流程性很强的企业，生产流程中的任何一个环节出现故障都可能造成整个生产线瘫痪。在热电企业生产六要素（5M1E）中，设备是核心。

1. 设备档案管理

建立"病历"式设备档案，对设备诊断把脉，提供翔实的基础数据,为备品配件管理提供依据。档案管理是一切工作的基础。该公司的档案管理有以下特点。

(1)设备档案全覆盖,不漏项。

(2)档案粗细兼具。

(3)把公司日常的重要保养和检修内容适时地更新到设备档案中,实行动态管理。

2. 备品配件管理

备品配件管理是设备检修的基础工作,是保障在线检修和应急抢修的前提条件,是工厂零故障运行的关键环节。其主要内容有以下几点。

(1)建立备品配件清单。这是本项工作的重点和难点。清单内容要考虑各生产工艺的特点,考虑日常设备缺陷的多发环节,考虑配件采购的时间周期,平衡设备停机风险、停机成本和库存占压资金成本,制定全公司的备品配件清单。

(2)备品配件管理工作由仓库和生产部门共同管理。仓库管理员负责建立库存预警系统,及时补齐短缺件;技术工程师每周到仓库查看备品配件的库存情况（质量和数量），确保备品配件的安全。

（3）设备保全工负责对设备运行状态的点检，对易损件的劣化情况进行监督，并进行必要的密封、除湿、涂油、维护保养等工作。

（4）对备品配件清单结合实际生产情况周期性地进行评审与更新。

3. 四维点检

点检在热电行业又称巡检检查，是其"两票三制"工作模式中的重要内容。

（1）运行点检。运行一线人员每班进行一次点检，在做好基础清扫、润滑工作和振动、温度监测的同时，及时发现表象的设备缺陷。

（2）维护点检。从设备保养角度和专业技术角度点检，通过运行状态监测查找设备的显性与隐性缺陷，提前识别潜在的故障风险。

（3）工程师点检。从技术和生产工艺层面点检设备可能存在的隐性缺陷。

（4）管理层点检。从生产绩效或设备效能数据异常（包括以上三维点检反馈的异常）进行针对性地点检，排查设备可能存在的缺陷。

通过以上四维点检可有效、及时地发现设备缺陷，及时整改，有效保障设备正常运行。

4. 检修作业

（1）在线检修。采用停时隔离或备用替代等方法进行生产系统不停运状态下的检修。此检修模式可有效缩短设备停机时间。

（2）预知检修。根据日常点检的设备缺陷台账和设备运行的实际状况进行计划停机检修，可有效保证生产计划，提高设备运行效率。

（3）保养检修。根据日常点检分析、行业经验和设备生命周期规律，有计划地对设备进行保养工作（该项检修可并入预知检修）。

（4）抢修作业。包含临时性的突发抢修和设备停运事后检修。

对于以上检修模式，该公司早期把大量工作放在做事后检修即故障检修上，工人感觉检修的活儿干不完，经常疲于"救火"，设备运行率不高。后经生产班子分析问题后，逐步将工作重点放在保养检修和预知检修上，设备故障率明显下降，再积极采用在线维修保养，故障停机现象显著减少，这为产线零故障运行做好了关键一步。

二、工作票和操作票

工作票和操作票制度是该企业减少人身伤害与设备事故、保障生产零故障运行的有力手段。为减少误操作，保证员工每次将工作做对、做到位，该企业锅炉、汽机、环保、自动化各专业先后编制了详细的设备启停标准票，电气专业编制的电气操作票更是多达 85 份。工作票和操作票的编制和使用在该企业推行的零故障运行中发挥了重要作用，极大地避免了非预期使用。

三、设备轮换试验和事故演练

1.《设备定期试验和轮换制度》

《设备定期试验和轮换制度》是电力行业"两票三制"中一项关键工作,是保障设备健康状态的有效手段。

(1)设备定期轮换可有效避免设备长时间疲劳运行,延长设备使用寿命。

(2)做好设备定期试验可有效排查出设备可能存在的缺陷,及时进行检修,确保设备时时处于正常状态,确保设备在连锁紧急启动时能安全、可靠地运行,提高设备运行效率。

2.事故预想和演练

鉴于热电行业流程性极强的特点,其水处理、锅炉燃烧、汽轮机发电、环保处理、电气运行、热工仪表自动化、DCS等任何一个环节出现异常,整个生产运行可能瘫痪,特别是该公司还属于孤网运行的热电联产企业,事故预想和演练显得特别重要。

该公司的事故预想在参照全国热电行业的典型案例的同时,还结合自身孤网运行的特点量身制订,确保案例适用、有针对性,并将各案例写进《运行规程》和《安全标准化》文件中,要求员工人人应知应会,熟练掌握。

在演练方面,该公司坚持定期进行单个专业的单独演练和系统联合演练,通过不断地重复演练,使各岗位员工逐步熟练应对各种异常状态,在规定的时间内准确完成各项工艺的调整和操作,有效地减少了生产故障的发生。

四、拓展 DCS 功能,实现管理突破

生产管理的六要素(5M1E)均须由人实现,对人的管理到位是生产正常运行的根本,绩效管理是对人管理的有效手段。因此,该企业早期制定了很多表格,要求员工每小时填写或 DCS 产生记录,以衡量员工对产品质量和工艺控制的状态,对员工进行考核。但是,此模式存在两个问题:一是要员工自己记录数据考核自己,如何保证数据真实性成为管理者的一道难题。二是因孤网运行的热电行业生产工艺调整是按分钟级进行(间隔 5 分钟内调整一次工艺参数可保证系统运行稳定),而考核依据是整点记数,因监盘(动态调整工艺)工作既枯燥

又累，员工为满足考核需要往往在整点前10分钟将工艺参数调整到最佳状态敷衍了事。这样就导致了考核的数据很好看，但实际运行状况不理想的偏差。对此，尽管管理人员使出了"核对曲线纠偏""突击性抽查、核查"等大招打击记录不真实的行为，但员工和你玩猫抓耗子的游戏，你真抓，我就认真一阵子，你放松了，我就糊弄了事。管理人员毕竟精力有限，如何管理成为一大难题。

为了彻底扭转以上被动局面，该公司的管理人员和技术人员通过对DCS进行拓展，实现DCS管理，将MES的部分功能在DCS中实现。具体做法是在DCS系统中输入指令，给每个重要工艺参数和设备参数设定一个合规范围，超出范围的便产生污点记录，并通过电脑程序对记录进行统计整理，每班输出本班次的《绩效数据报表》和《设备状态报表》。这样一来，设备及生产工艺状态一目了然，再用这些"绿色"数据进行绩效管理和设备管理，运行绩效就会得到显著提高。

采用此种简便实用的管理方式后，不到半年时间，生产线班组每月每班污点异常记录由开始的近 5000 次逐步锐减到个位数，设备隐患也能及时显现和被整改，公产线运行的稳定性、安全性和经济性有了明显提升。

总之，该公司拓展 DCS 功能，延伸实现了 MES 部分功能，在零投入的情况下，通过精益设备管理，基本实现了长期的零故障运行。

案例四　山东恒安纸业公司是如何实现行业领先的综合稼动率的呢

2006 年，时任山东恒安公司总经理的我辅导员工实行设备二模块管理与零故障精益管理。公司设备运行管理在上述精神的指导下，主要是依靠人的投入与专注取得了领先于同行的效果，设备综合稼动率长期稳定在 90%～95%。我们也感到依靠设备三模块管理模式做好设备的基础管理需要耗费大量的精力，这些工作包括设备档案、设备台账的及时整理与检索，设备管理四大标准的执行落地及趋势查询,检维修的实施记录及查询,点检表单的定期优化与更改,等等。这些工作依靠人工来做,做得越细越到位,牵扯的精力就越大。如何把繁杂的工作简单化,简单的工作标准化呢?这时就急需一种工具来提升人的工作效率和质量。仪电部经理学的是计算机专业,所以,他首先想到的是依靠计算机的IT手段来改善工作。说做就做,从2012年年底我们开始召集本部门IT爱好者三人一起进行方案设计及系统开发,到2013年6月第一版成形并投入使用,到2014年年底升级第二版,2016年升级第三版,2017年6月第四版完成,一步扣一步,不断完善。

做第一版系统规划时,我们想的是让设备档案、人员档案、备件档案、设备履历、设备点检维修的功能实现电子化。第二版时增加了设备状态监测自动点检功能。第三版时增加了工单流转功能。开发本系统的基本思路是按照设备运行管理三个模块来设计的。

一、设备档案

建立设备台账。识别所有设备,把设备的基本信息(设备的名称、编号、型号、类型、等级、功率、基本参数、投用时间、供应商信息等）录入系统。

建立备件库。识别每个设备的备件（名称、编码、型号、规格参数、使用数量、备件等级等），与设备和子设备关联，并与 ERP 关联。

建立设备资料库。说明书、图纸与设备对应上传，提升检索效率。

设备履历管理。设备履历包括设备资料、故障记录、点检记录、维修记录、保养记录整合，可及时检阅。

二、设备管理

将设备管理的四大标准（点检、保养、操作、检修）录入系统。作业的"五定"（定点、定人、定质、定量、定期）定义清楚，基础数据录入系统后，系统会定期发出信息提示，提醒及指导作业人员精准作业。人工点检可按周期和路线进行，可在现场随时扫码查看设备的履历，方便分析诊断。图 14-12 为自主开发点检系统画面。

图 14-12　自主开发点检系统画面

三、状态监测

如图 14-13 所示，通过现场设备安装的各类传感仪表，将采集的数据（温度、振动、转速等）自动上传到平台，与设备运行标准参数范围进行比对，判断当前设备运行状态的符合性，当不符合要求时系统会自动微信报警；通过移动点检终端对现场设备进行扫码（二维码、NFC）点检，弹出相应的点检表单项目后填写上传至系统，系统可立即判断运行是否正常，如异常可填写设备异常单转相应人员处理。图 14-14 为设备运行状态趋势。

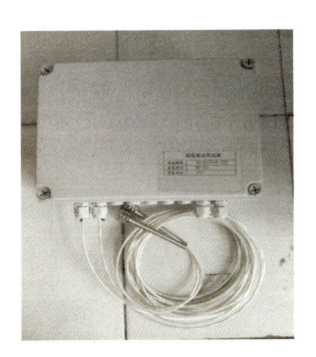

图 14-13　温度振动传感器

图 14-14　设备运行状态趋势

四、工单管理

根据设备的标准设定，系统会自动生成各岗位的点检维修保养工单，对点检发现的问题生成设备异常工单，各岗位人员按工单要求进行作业，预知检修完成后，系统会自动更新设备履历表。不能维修开机检修的项目，会进入停机检修事项清单，预知检修完成后自动更新设备履历表。

通过自主开发系统的应用，我们从大量的人工录入、检索、整理与分析数据的枯燥工作中解脱出来，腾出更多的精力去做状态诊断和预知维修，从而花费极少的固定投入（PC机、传感器、数据线等）达到了出乎意料的效果。

第十四章阅读导图

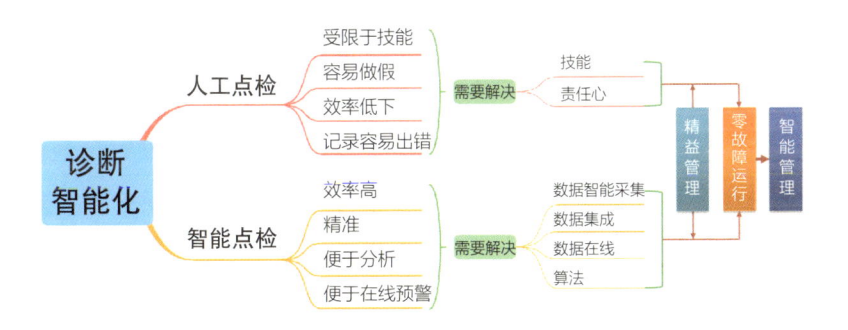

诊断智能化
- 人工点检
  - 受限于技能
  - 容易做假
  - 效率低下
  - 记录容易出错
  - 需要解决
    - 技能
    - 责任心
- 智能点检
  - 效率高
  - 精准
  - 便于分析
  - 便于在线预警
  - 需要解决
    - 数据智能采集
    - 数据集成
    - 数据在线
    - 算法

精益管理 → 零故障运行 → 智能管理

第十五章

设备管理智能化

人工智能技术与互联网技术的高速发展与深入迭代，促进了智能制造与智能管理的一体化发展。在上一章节中我们介绍了现场自动控制系统 DCS、QCS 等与 MES（Manufacturing Execution System）制造信息化执行系统和 ERP（Enterprise Resource Planning）企业资源计划管理系统的深度融合，重点介绍了设备运行的健康管理——预防诊断的智能化，本章扩大到设备管理的智能化。

企业智能化管理系统

设备管理智能化通常以 PM 模块的形式置于企业整体信息系统之中，如图 15-1 所示。

企业自动化、信息化、在线化、智能化建设是一个循序渐进的过程。对自动化设备的投入，只要配备相应的专业技术人才和作业人员就可以搞定。通常，通过购买领先的自动一体化设备，企业就可以形成竞争优势。智能化往往建立在信

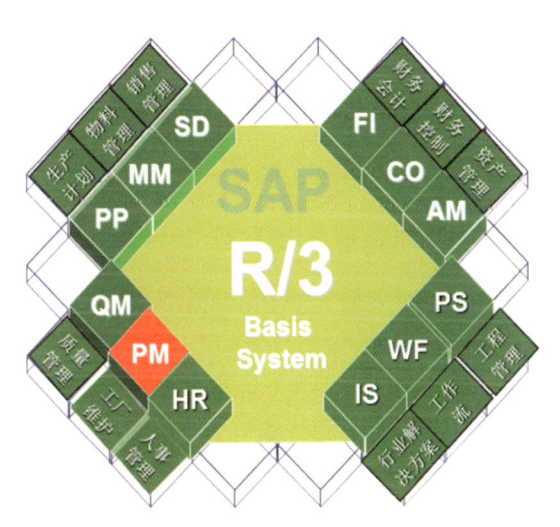

图 15-1　×××企业智能化管理系统

化的基础之上，通过购买先进的系统软件实现，但不一定能形成企业的竞争优势。不少企业因为简单的购买，造成的是胡乱的折腾。对制造型企业来说，如果企业的规模比较小，业务也不太复杂，就没有必要在信息化与智能化上做过多的投入，搞好精益生产，苦练内功，才是正途。当企业的规模比较大，业务也比较复杂，由于部门多、流程长、数据量大，信息孤岛效应阻碍了企业的运营管理与决策，就需要在标准化的基础上做好信息化，在信息化的基础上推进在线化和智能化。这方面可急不得。可有些管理者急于求成，简单的购买与拿来主义换来的就是折腾。恒安集团信息化就是一个不断完善的过程。该集团20年前就开始进行信息化建设，2014年又启动了信息化升级与智能化的建设活动，与IBM联手共建信息化升级项目。信息化升级不是信息化系统的简单重构，而是在优化系统流程的基础上，实现运营决策的智能管理，包括运营管理报警系统。在世界任何一个角落，只要有网络，你就可以开展整个运营管理的监督、指挥和决策等。案例一介绍了×××集团信息化与智能化系统，其他集团公司的信息化与智能化系统与此大同小异。

案例一　×××集团信息化与智能化系统介绍

20世纪90年代，×××集团在中国设立第一家厂，随着销量的稳步增长，2005年开始在全国陆续计划建立十多个工厂。在 2005 年之前，其信息化建设的重点放在 ERP 系统和现场生产设备的自动化两个方面上。随着整体行业产量的增加及市场行情由生产导向演变成市场导向，行业竞争也越来越明显，生产现场管理和产品品质面临严峻的挑战。在那个时期，车间现场的信息化是个薄弱环节。为了加强集团的管控和业务创新能力，推动业务规模的进一步扩张，企业从传统生产型制造向服务型制造转型，急需建立以打通 ERP（企业资源计划）和生产自动化设备之间的 MES（制造执行系统）。

基于公司管理层及生产主管一般希望能实时了解每一条生产线目前在生产哪个 SKU（一个单品），生产计划有没有延误，生产效率如何，生产不良品率的情况如何，MES 系统重点在生产过程中大量运用实时数据的采集和监控，以及现场资源的情况反馈，以此提高车间对随机事件的快速响应和处理能力。只有建立以 MES 系统为基础的数字化车间，才能实现精益生产和智能制造，如图 15-2 所示。

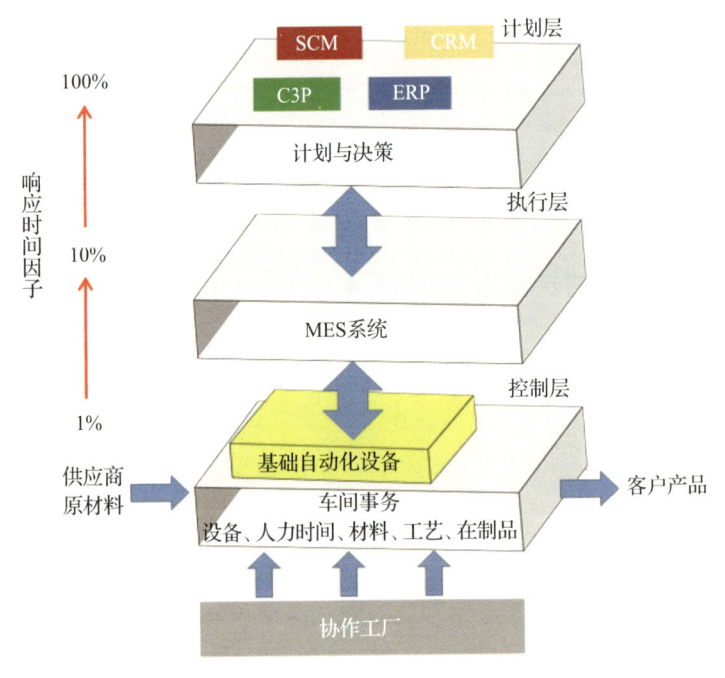

图 15-2 ×××集团信息化与智能化系统

一、MES 系统架构

制造执行系统 MES 处于企业资源计划系统 ERP 和工厂生产设备的控制系统 DCS、QCS 等自动化设备中间,属于计划层和控制层之间的执行层,也是提高企业制造能力和生产管理能力的重要手段,在实现生产过程的自动化、智能化及改善车间管理能力等方面发挥着巨大作用。

二、MES 系统的设想概念

MES 系统就是把生产资料调度、产品追踪、质量控制、设备故障分析、报表等管理功能集中在一个平台,使用统一的数据库,通过网络连接可以同时为生产部门、质检部门、工艺部门、物流部门等提供车间管理信息服务。MES 系统一般由车间管理系统、质量管理系统、设备管理系统和数据分析系统等组成。MES 系统一般根据各个公司的生产设备、生产工艺流程和管理需求而自定义开发的一个制造管理系统。不同的企业一般都有差异性。

三、车间管理系统

MES 系统从 SAP 系统中获得每条生产线的生产订单计划及原材料发料等生产准备相关信息之后进行生产,通过生产现场数据采集器实时反馈浆料投入、纸机初卷和复卷工序的投入及产出量,以及所花的人力工时和机器时间的运转情况,用于生产过程监控和车间事件处理。通过OPC Serve（信息系统软件）读取DCS和QCS的实时数据。利用多种数据收集方式实时反馈生产现场的实际数据。通过看板实时显示车间现场信息及任务进展信息，做到管理的可视化。使用车间管理系统帮助我们解决了以下几个问题。

一是订单不可视。解决了生产订单跟踪不到位，销售团队和生产主管不能及时了解产品目前在哪个加工工序，生产了多少数量，大约还需要多少时间才能完成此生产订单的问题。使用MES后，随时可了解任何产品的任一工序的产量，能做到生产订单可视化。

二是延期交货。解决了由于生产现场发生异常（设备问题、材料问题、工艺问题、加工方法等问题），但管理人员不能及时获取异常信息，不能及时、有效地处理，而导致延期交货的问题。使用MES后，无论人在何地，都可随时了解生产异常，指定处理措施，防止由于问题不能及时处理，而导致生产延误、产生客户流失等损失的风险。

三是管理浪费。解决了由于车间生产现场与各部门因为生产现场信息的不透明、难查询导致部门间沟通困难、不协调，造成内耗过多的问题。也避免了生产管理人员未能集中精力将时间用在解决异常问题上，形成管理的浪费。使用MES后，信息全面公开，相关部门可以自助查询，及时了解到生产实况，真正实现生产透明化，从而减少部门间误解和内耗，使全体管理人员形成合力，共同寻求改进的方法。

四是核算困难。解决了由于生产数据人工统计速度慢、效率低、容易延迟（日报、月报、机台使用率、待工时间）造成生产成本核算困难的问题。使用MES后，数据的统计核算与分析速度加快，信息全面公开，相关部门可以自助查询，并及时了解生产现况，从而减少部门间的误解和内耗，统计报表和数据分析更清晰易懂，让员工随时可以把握生产的问题点。

四、质量管理系统

在产品的生产过程中，车间管理系统对生产工序流程进行了管控，并为每一道工序引入条形码管理，实现了生产过程关键要素的全面记录及完备的质量追溯。质量管理系统会把每一道工序产品的检验结果跟国家标准和企业标准数据库进行比对，自动判别出合格品和不合格品。因此能准确统计出产品的合格率和不合格率，为质量改进提供量化指标。根据产品质量分析结果，可以分析出产品的主要问题点，然后进行追踪和改进。质量管理系统帮我们解决了如下几个问题。

一是首检不及时。解决了由于品质检验人员难以随时了解每台设备加工什么产品，导致首次检验不及时，易产生大量不良品的问题。使用 MES 后，质检员通过移动终端随时可以了解任何一台设备的生产情况。首检及时，避免了大量不良品的产生。

二是不良品增多。解决了由于质检员靠人工统计检验结果，跟国标和企业标准进行人工比对，效率差、耗用时间长的问题。错过及时采取纠正措施的最佳时机，导致不良品增多。使用 MES 后，可以自动分析检验结果，快速分析不合格品产生的原因，及时调整机器设备的工艺参数，避免了不良品的产生。同时，系统可以对已经产生的不良品进行自动冻结，避免不良品缴库。

五、设备管理系统

对于生产企业来说,要想使工厂安全、稳定地生产,就需要定期对相关设备进行健康诊断和维护保养。但对于×××集团来说,其在全国有十多个工厂,900多条生产线,传统的手工记录诊断和维护保养是远远不够的,必须借助一套集设备维修、保养、移动点检等于一体的设备管理系统平台,来记录每台生产设备、每个部件的维护时间、维护内容、故障原因等。只有全链条地记录设备"点检发现、缺陷与故障发现、缺陷与故障识别、缺陷与故障解决"的关联数据,才能形成设备维护文档知识库。

六、数据分析系统

车间管理系统和质量管理系统收集了大量的生产过程数据,搭建一套智能数据分析系统,可以为后续工作提供参考数据和决策支持。系统根据生产过程中的丰富数据设置不同的统计查询功能,包括产品加工进度查询、车间在制品查询、每个机台生产任务查询、质量统计分析、车间产能(人力和设备)

利用率分析、废品率（次品率）统计分析等。通过数据分析，能够改善整个公司或工厂的运行效率，提升机台的利用率，降低生产成本，也能帮助管理层做出决策，使决策智能化，提高决策效率，以便能够快速响应市场，获得更多的市场机会，提高市场占有率。

任何一套系统的建立都不是一蹴而就的，需要对系统进行长效的管理。建立系统已经很有难度了，运行好系统其实会更难，企业需要持续地投入人力。

PM 模块

PM 模块通常泛指设备管理模块，企业的设备管理哲学（指导思想、价值观）不同，构成了不同的内容。为了方便后文的讨论，我们先回顾一下几种主流思想。

预知维修。预知维修是以设备状态监测为基础进行的设备缺陷诊断,在设备缺陷未形成故障前进行主动消缺的维修方式。设备状态监测的方式有人工与仪器两种方式。仪器监测的内容有油样分析、振动监测、温度监测、声发射分析、微粒分析、腐蚀分析等。通常,根据设备与产线现状设置在线仪器监测和人工点检与检测相结合的方式,遵循可靠、高效、经济相结合的原则。

事故维修。事故维修又称为事后维修或故障维修。在指导思想上允许或可以接受设备出故障,在设备停机之后修理或更换损坏的部件。由于事故具有突发性,为此,需要过度准备备品备件,维修时间长,设备与配件损失大。

预防维修。预防维修又称为定期维修,假设没有人为劣化,按照预先确定以日历天数或机器运行时数显示的时间间隔定期进行维修。由于人为劣化是很难避免的,定期维修可能导致维修时间太早,造成浪费;太迟,又会陷入事故维修。不是维修不足,就是维修过度。

混合维修。也有人主张因地制宜地采用预防维修、预知维修和事故维修三者相结合的维修方式。对停线损失小的设备接受事故维修,对停线损失大的设备实行预防维修,对关键与高、精、尖设备实行预知维修。事实说明,实行混合维修的工厂最终还是走向事故维修。

PM有以下几种定义：Preventive Maintenance,预防维修;Plan Maintain,计划维修;Predictive Maintenance,预知维修,通常缩写为PM。

建立了ERP,但未配套MES的企业,通常将PM模块置于ERP系统中;建立了MES的企业,通常将PM模块置于MES系统中。图15-3为×××公司PM模块。

第十五章 设备管理智能化 319

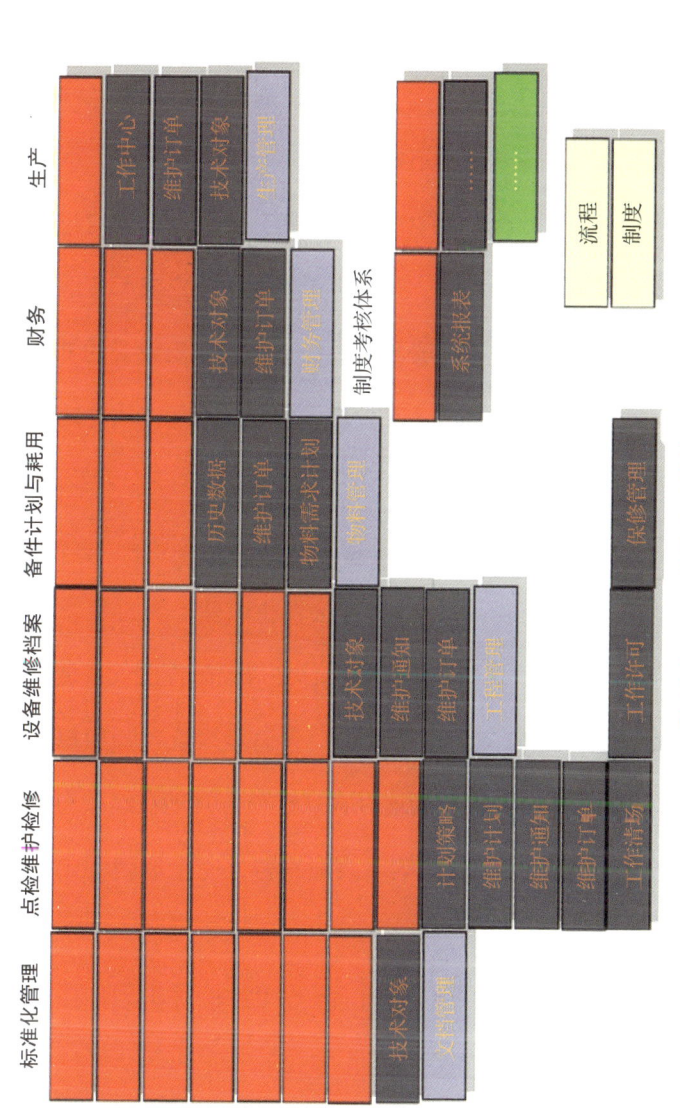

图 15-3 ×××公司 PM 模块

我从事制造业 30 余年，早期被迫陷入事故检修，后来尝试定期维修，发现效果都不好，设备运行状态不受控，不知道什么时候会发生故障，需要准备多少备件。而且，机构与配件常常都会出乎意料地损坏。这两种维修思想有意或无意地暗示你和团队——发生故障是必然的。按这种价值观设置的 PM 模块，只是在记录与数据管理上提供了便利，不能实质性地帮助企业提高设备运行管理水平。

当你建立了故障是可以预防的价值观，零故障运行成为你和团队的工作目标时，一切都会发生改变。为避免发生故障，你就会主动策划与实施点检和诊断等预防性的设备健康管理活动，故障维修就会逐步减少，会逐步接近预知检修。在这种思维之下，PM 模块的建立在从点检、自动在线状态检测到接近预知维修，偶尔会陷入故障维修，完全取消了定修的概念。

基于零故障运行的设备管理——PM 模块策划如图 15-4 所示。

第十五章　设备管理智能化

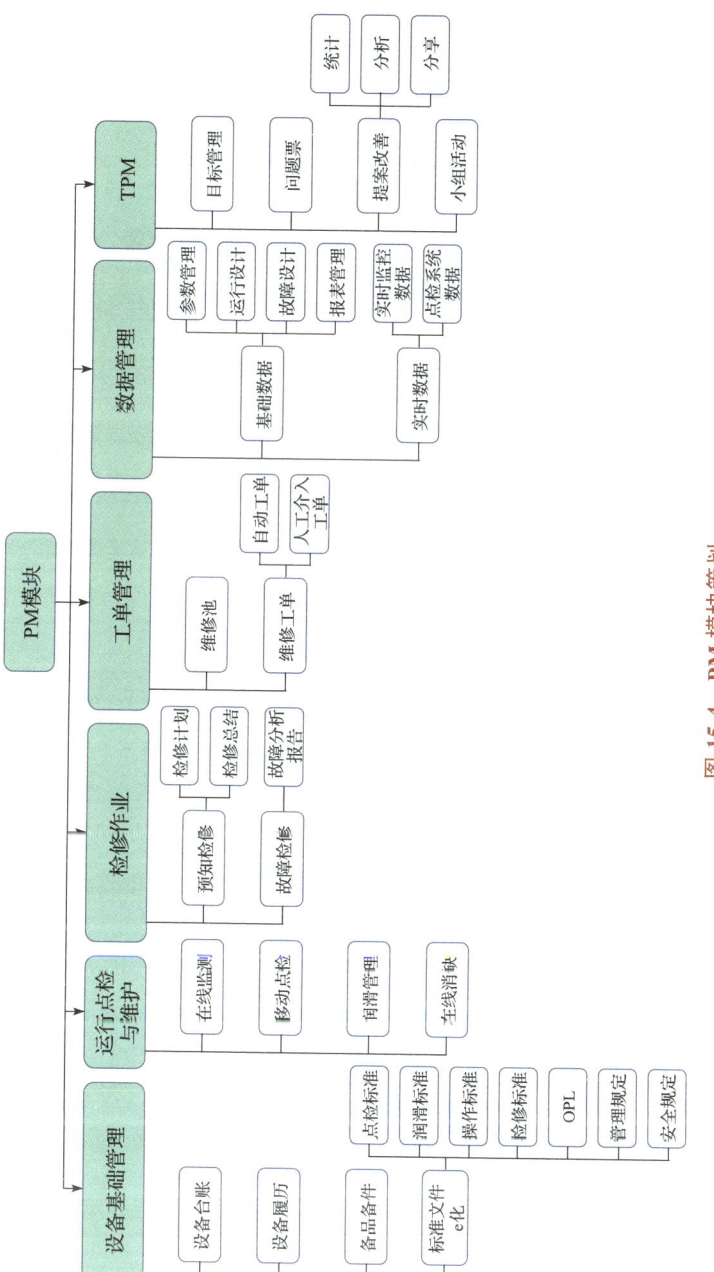

图 15-4　PM 模块策划

（1）设备基础管理模块。该模块包括设备台账、设备履历、备品备件及标准文件 e 化。其中标准文件 e 化有点检标准、润滑标准、操作标准、检修标准、OPL、管理规定、安全规定。本模块中标准文件 e 化将组织的标准化体系录入系统，不仅为组织的设备运行管理提供了体系保证，而且为组织设备管理的智能化提供了数据支持。

（2）运行点检与维护模块。该模块包括在线监测（设备温度、振动、负荷等实时数据）、移动点检（与上述士塑点检系统类似）、润滑管理和在线消缺。有了动态的实时数据形成趋势图和总览图，设备运行与保养状态一目了然。

（3）检修作业模块。检修作业包括预知检修和故障检修。预知检修就是根据运行诊断数据进行计划检修，是进行停线消缺的主要方式。随着点检与诊断等预防性设备健康管理活动的深入开展，故障维修将会逐步减少，现场会出现大量的预知检修和少量的故障检修，最终逐步实现完全预知检修。尽管故障检修是尽力避免的情形，但是，对其过程进行拆解和细节量化仍然会产生价值。为此，检修模块中策划了故障检修。

（4）工单管理模块。工单作为检修活动的载体，通过工单将预知检修或故障检修都录入系统维修池，相关数据会在系统内部自动传输，记录了工作量，自动更新设备履历，自动更新易损件安全库存。工单来源于本部门和跨部门工单，其中部分工单由设备运行管理数据库所监测到的设备异常情况或前期劣化趋势形成，通常称为自动工单，另一部分由工艺或工务人员在设备运行点检与维护过程中发现设备缺陷，进而形成的工单称为人工介入工单。

（5）数据管理模块。该模块包括基础数据和实时数据。基础数据包含设备参数管理及相关运行数据，而实时数据则来源于设备实时监控数据和点检系统数据（如来自现场控制系统的监控数据和手持点检仪的数据），通过把实时数据与基础数据作比较分析，最终获得相应的设备实时运行状况。

（6）TPM模块。TPM是追求卓越的组织落实现代设备运行管理的具体行动，分为目标管理、问题票、提案改善及小组活动。这一模块通过开发一个提案 App 使改善活动在线化，极大方便了组织精益改善活动的常态化管理。

图 15-3 展示的是 ×××公司基于传统价值观（如定修）的设备管理内容，将设备管理拆分为标准化管理、点检维护检修、设备维修档案、备件计划与耗用、财务、生产共六个模块，这种拆分方法没有将业务流程与管理职责结合起来，导致逻辑不清晰，实施起来，效果自然好不到哪里去。

图 15-4 展示的是故障是可预防的设备管理内容，将复杂的设备维护管理拆分为设备基础管理、运行点检与维护、检修作业、工单管理、数据管理和 TPM 共 6 个模块。这 6 个模块是以设备零故障运行过程管理模型为基础，前 3 个模块是设备零故障运行过程管理的主要子过程，第 4 个模块工单管理是前面 3 个模块衍生的关联子过程，第 5 个模块数据管理是针对零故障目标展开，第 6 个模块 TPM 是建立在前面清晰的职责分工的基础上。6 个模块内容翔实，结构清晰，逻辑一目了然。

这样的 PM 实施效果自然会好。

以设备零故障运行管理模型为基础，格艾公司主导开发的设备智能管理软件 ZTPM，打通了基础数据（设备润滑"五定"与点检"五定"，以及设备特征）与动态数据（设备润滑状态与点检状态，以及设备履历），动静结合；打通了日常设备管理的方方面面，通过工单与维修池管理建立管理闭环；打通了 TPM 模块与 ERP 模块，备件安全库存数据通过工单实现数据同步；打通了设备体系化管理与精益 TPM 改善活动，使二者合二为一，使精益 TPM 成为卓越设备运行管理的一部分；打通了能源管理、工艺管理、特种设备管理、绩效管理和目标管理等，因为数据互联互通，所以比较容易实现智能化管理。

总之，设备管理软件如同财务管理软件一样，具有通用属性，适用于各种行业。

第十五章阅读导图

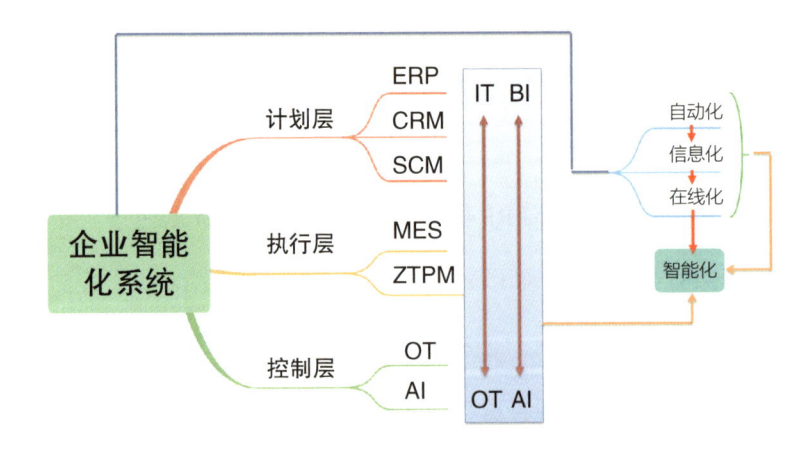

ZTPM

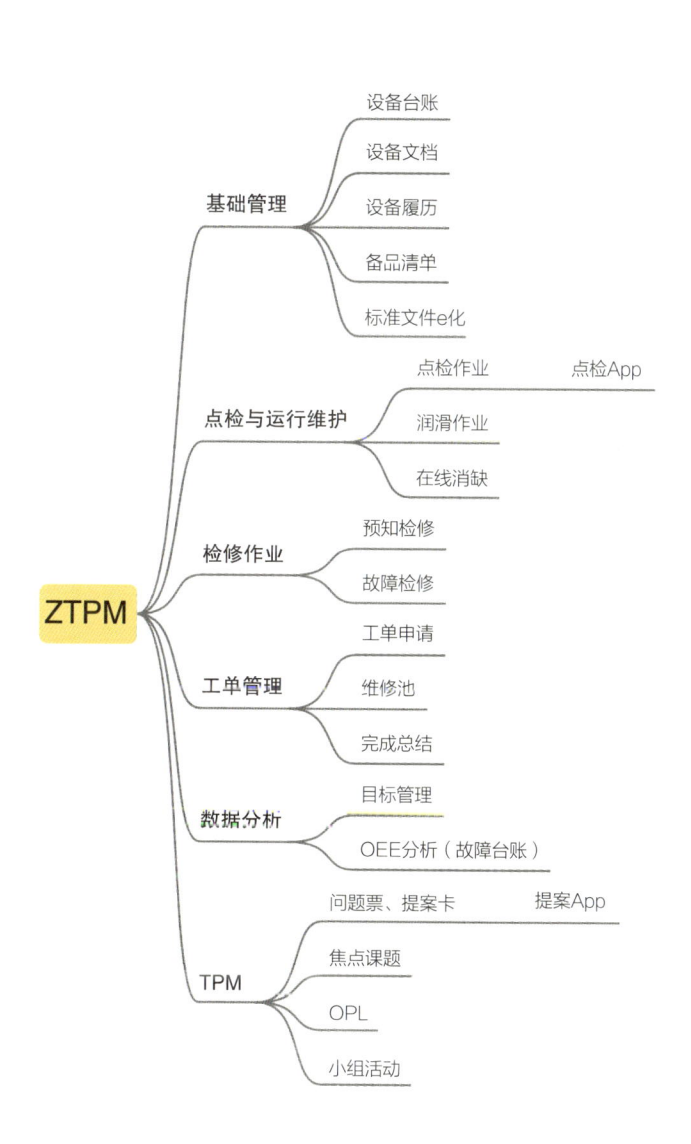

- **基础管理**
  - 设备台账
  - 设备文档
  - 设备履历
  - 备品清单
  - 标准文件e化
- **点检与运行维护**
  - 点检作业 — 点检App
  - 润滑作业
  - 在线消缺
- **检修作业**
  - 预知检修
  - 故障检修
- **工单管理**
  - 工单申请
  - 维修池
  - 完成总结
- **数据分析**
  - 目标管理
  - OEE分析（故障台账）
- **TPM**
  - 问题票、提案卡 — 提案App
  - 焦点课题
  - OPL
  - 小组活动

第十六章

挖掘数据的价值

设备在运行时产生大量的数据，管理人员习惯将其划分为基础数据与实时数据，IT 人员习惯将其划分为静态数据与动态数据，如何挖掘这些数据的价值，这是本章探讨的主要内容。

数据的定义与层别

查一下百度百科，有关数据的定义如下。

数据（data）是事实或观察的结果，是对客观事物的逻辑归纳，是用于表示客观事物的未经加工的原始素材。

数据可以是连续的值，如声音、图像，称为模拟数据，也可以是离散的，如符号、文字，称为数字数据。

在计算机系统中，数据以二进制信息单元"0、1"的形式表示。

定义

数据，是指对客观事件进行记录并可以鉴别的符号,是对客观事物的性质、状态及相互关系等进行记载的物理符号或这些物理符号的组合。它是可识别的、抽象的符号。

数据不仅指狭义上的数字,还可以是具有一定意义的文字、字母、视频、音频等,也是客观事物的属性、数量、位置及其相互关系的抽象表示。例如,"0、1、2……""阴、雨、晴""学生档案记录""货物运输情况"等。数据经过加工后就成为信息。

在计算机科学中,数据是指所有能输入计算机并被计算机程序处理的符号的介质的总称,是用于输入电子计算机进行处理,具有一定意义的数字、字母、符号和模拟量等的通称。现在计算机存储和处理的对象十分广泛,表示这些对象的数据也随之变得越来越复杂。

信息

信息与数据既有联系,又有区别。数据是信息的表现形式和载体,可以是符号、文字、数字、语音、图像、视频等。

而信息是数据的内涵，信息是加载于数据之上，对数据作具有含义的解释。数据和信息是不可分离的，信息依赖数据来表达，数据则生动、具体地表达信息。数据是符号，是物理性的，信息是对数据进行加工处理之后所得到的并对决策产生影响的数据，是逻辑性和观念性的，数据是信息的表现形式，信息是数据的内涵，二者是形式与质的关系。数据本身没有意义，数据只有对实体行为产生影响才成为信息。

数据的语义

数据的表现形式不能完全表达其内容，需要经过解释，数据和关于数据的解释是不可分的。例如，73是一个数据，可以是一个同学某门课的成绩，也可以是某个人的体重，还可以是计算机系 2017 级的学生人数。数据的解释是指对数据含义的说明，数据的含义称为数据的语义，数据与其语义是不可分的。

分类

按性质，数据可分为以下几类。

（1）定位的，如各种坐标数据。

（2）定性的，如表示事物属性的数据（居住地、河流、道路等）。

（3）定量的，反映事物的数量特征的数据，如长度、面积、体积等。

（4）定时的，反映时间特征的数据，如年、月、日等。

按表现形式，数据可分为以下几类。

（1）数字数据，如各种统计或测量数据。数字数据在某个区间是离散的。

（2）模拟数据，由连续函数组成，是某个区间连续变化的物理量，又可分为图形数据（如点、线、面）、文字数据和图像数据等，如声音的大小和温度的变化等。

按记录方式，数据可分为地图（图形影像数据）、表格、影像、磁带、纸带等。

按数字变化的方式，数据可分为矢量数据和格网数据。

按采集的方式，数据可分为静态数据或基础数据、动态数据和实时数据。

在地理信息系统中，数据的选择、类型、数量、采集方法、详细程度、可信度等，取决于系统应用目标、功能、结构和数据处理、管理与分析的要求。

数据应用的讨论

2016年《福布斯》（中文版）的主编康健就"大数据与智能制造"采访了李杰教授。

李杰（Jay Lee），美国辛辛那提大学（University of Cincinnati）特聘讲座教授，美国国家科学基金会（NSR）智能维护系统中心（IMS）主任，麦肯锡公司资深顾问。

康主编：这几年国内有不少人谈论大数据，市场上也有不少图书和大数据有关，应该说，大数据是一个比较热的名词。现在有两种观点：一种观点认为大数据是一个"神化"的概念，认为它无所不能，未来的大部分产业都可以使用大数据；另一种观点认为大数据只是一个概念，必须在如电子商务这种会产生大量数据的行业内才能被使用。李教授，从您的角度，您怎么定义大数据这个概念？

李教授：我们今天讨论大数据，其实是个比较立体的概念。首先，大数据是一个物理学的基本概念，我讲的工业数据是一个实验物理学的范畴。在实验物理学之中得到数据必须通过测试，可以说，我们得到的工业大数据是一种现象之后产生的大数据，是由大量的工业、工业系统等实体在不同的背景下产生的。比如说，城市的排污装置，从其反映的数据可以知道为什么污染，在哪里污染，从而进行监控。工业大数据的连接关系集中在产品、顾客和数据三个方面。当产生产品的数据时，我们怎样定量分析它？它对顾客的价值是什么？比如，当测出某辆车的耗油量，其实可以分析出业主的开车习惯，寻找相对应的产品特征。找到这个特征之后，这个耗油量的数据就体现价值了。所以，我认为工业大数据是一个可以质化，也可以量化的概念。再回到您的问题，怎么定义工业大数据，我认为工业大数据是不可定义的，因为它所有的本质是它的属性，属性只能用来定性，不能用来定义。如果给它一个概念，那我认为数据就是一个可以通过它了解工业系统本身，从而进行改进的信息流。

康主编： 那我理解，工业大数据还是和大数据有所区别的，工业大数据的兴起是不是和传感器的技术革命有非常大的关系？

李教授： 这应该是一个方面，传感器能收集到数据，就比如我们看到的智能手环，通过振动就能记录运动量或者根据翻身次数测算是浅睡眠还是深睡眠，这确实是通过传感器获得的。但更重要的一个方面，是因为对大数据的分析，因为数据本身是不会说话的，利用软件进行分析之后，才能体现出潜藏在数据之后的现象。通过分析技术，才能将现象和本质连接。

康主编：大数据这个概念的出现和工业4.0的提出时间接近，这两者之间是不是有一定的关联呢？目前市场上也有一些这样的书，将大数据推向了一个新的高度。甚至有人说，工业4.0就是机器人、自动化加上大数据等内容。李教授，您怎么看？

李教授：大数据的出现其实是十几年前的事了。我记得我那个时候发展IMS也是基于这种观念，我们的出发点是尽量从数据出发，数据是可以看见的，但数据背后的现象是一个"看不见的世界"。我希望从一个看得见的数据里挖掘出"看不见的世界"。

工业数据不是简单的自动化，也不是加一个"帽子"即为工业4.0，我所理解的工业大数据能避免智能化社会里问题的产生，如避免耗能、避免故障，或者还可以称为"无忧制造"，即在整个工业制造系统之中不需要担心出现故障，这和工业4.0的出发点是有些不一样的。

工业4.0是否等于机器人、自动化加上大数据，这种说法，我不能简单地持同意或者不同意的态度。我认为是这样的，每个人谈论的说法，是和自己某种最重要的需求相关的。比如，一个人起床之后，看到手机会想，是不是有微信，是不是有 E-mail。如果没有手机，就不会想到微信或者 E-mail。谈论这种说法的人，本身就一直在关注机器人或者自动化，如在瑞士，他们根本不需要自动化，他们最引以为傲的钟表，就是人做的，越精密的手表越依靠人制作。又如日本，以前是看重制造端的供应链，现在也开始有所改变，开始做工业价值链。所以，这个问题没有绝对答案，只看说话人的背景知识。

设备运行数据库管理

设备在运行时会产生大量丰富的数据，这些数据是具有特征（自有属性）的，其语义表达了数据的含义，这样的工业大数据是无须定义的，使用者应结合数据的特征理解与使用数据。

数据是需要分级与类别的，我们称之为层别。层别产生价值。通过数据层别，进而深入分析，可以寻找到问题的真因，可以挖掘知识，可以通过看得见的数据去把握"看不见的世界"，特别是通过设备运行与点检（含自诊断）所产生的数据，去把握设备劣化的趋势、程度与缺陷，进而实现预知维修和零故障运行。

没有层别的数据会形成垃圾效应。让你无法理解的数据，让你无法解读数据背后信息的数据，就像垃圾一样，给运营与管理带来麻烦，甚至灾乱，因为它让你无所适从。

基于以上思考，企业需要建立数据库，并在数据库建立的早期顶层设计阶段做好数据层别。例如，对故障工时数据库的建立，我们首先要定义什么是故障，故障的责任划分与属性认定，是操作性的故障还是设备性的故障，是机械类还是电气类，等等。

设备运行管理的数据库包含于 PM 模块之中。如图 15-4

所示，我们需要将所有的一级模块与二级模块甚至三级模块的基础数据录入系统中，并将现场的实时数据连入系统。这些层级的划分是为了清晰呈现数据之间的逻辑关系，如用"设备树"来呈现设备在流程中的位置。这样，我们就建立了静态数据库。通过对动态的数据与静态的数据进行对比分析，可以自动判断设备的劣化趋势，可以自动更新与校正基础数据。如电机轴承超温自动报警，备品备件安全库存数量的自动更新。

通过对工业大数据的分析和挖掘可以洞察问题产生的过程、造成的影响和解决方式。当利用这些信息通过一些抽象化建模寻找出规律时，数据便转化成知识，再利用知识去认识、解决和避免问题。当这个过程能够自动自发地循环进行时，就是我们通常所说的智能制造。

李杰教授在《从大数据到智能制造》一书中指出了利用大数据推动智能制造的三个主要方向。

（1）把问题变成数据。利用数据对问题的产生和解决进行建模，把经验变成可持续的价值。

（2）把数据变成知识。从"可见的待解决的问题"延伸到"不可见的问题"，不仅要明白"how"，还要去理解"why"。

（3）再把知识变成数据。这里的数据是生产中的指令、工艺参数和可执行的决策，通过这些数据，可以让人们从根本上去解决和避免问题。

智能时代已来

曾鸣教授在《商业智能》一书中指出"自动化＋在线化＋算法＝智能化"。这与人们定义的概念相比似乎少了一个信息化，我们可以将信息化理解为人的作业与管理活动的在线化。换言之，信息化是在线化的手段。未来信息化会融合于网络化，微信已实现了人与人在线化。当下，传感元器件品种多且成本低，技术与设备让物与物联接和数据采集变得容易、可靠、可行，这有利于工业大数据的采集、挖掘，有利于工业大数据实现在线化；同时，互联网、物联网和 5G 的发展，让数据传输成为一种类似水电的公共的基础资源，物与物在线化；此外，开发算法的云公司越来越多，可供应用的技术越来越成熟，算法渐渐成为一种可供利用的资源。这些都说明智造时代已来。

具体来看，企业在销售、采购、仓储、物流方面的数据采集与价值挖掘方面的技术相对成熟，在制造方面，特别是由设备构成的产线受制于千差万别的工艺，其数据采集与价值挖掘是我们探寻的重点。前面移动智能点检的案例和后面展示的一些应用小场景，是我们在设备运行智造方面的探索与思考。

案例一　设备运行管理数据库是怎样实现预知维修的

通过设备运行管理数据库可以统计出某个设备的启停次数、运行时间、最大电流、最大振幅等运行数据，如图 16-1

所示。当然，在数据库的前期设计阶段会层别和确定该设备正常运行值的范围，即该设备的基础数据库。运行管理数据库实时监测到异常趋势数据后，会触发相应的报警级别，不同的报警触发不同的维修方案，相应的维修结束后，会反馈给运行管理数据库开始下一轮的实时数据监测。做到在设备前期劣化趋势阶段发现问题，能在线消缺的及时处理，需要停机处理的形成预知性的计划维修，从而避免设备发生故障。

开始时间	2015/6/1	结束时间	2015/6/10	当前状态	🟢 运行	🔴 停止
设备名称	当前状态	运行时间	启停次数		最大电流	最大振幅
1#水力碎浆机	🔴	8天1小时	610次		50A	0.12mm
2#水力碎浆机	🟢	8天7小时	705次		88A	1.1mm
烘缸传动电机	🔴	9天1小时	1次		45A	0.21mm

图 16-1　设备运行数据界面

案例二　设备运行管理数据库是怎样提升生产效率的

设备运行管理数据库是通过能源消耗等数据管控提升生

产效率的。比如,造纸产线对水、电、汽等能源耗用数据进行实时动态监控管理,在抄造同一支SKU产品下,工艺管控部门可以利用数据库分析出不同机台、车速、工艺参数下的运行数据,最终得出该SKU品项生产效率最高的生产配方,大大提升生产效率,降低生产成本。

案例三　设备运行数据库是怎样提升员工的自主管理的

利用工业大数据库进行绩效分析与竞赛活动,能促进员工自主管理。

活动1:维修工单管理。

员工在绩效考核过程中常有这样的困惑,某产线A班组的维修技师甲和乙,甲平时做事积极、响应快,其维修技能也日渐提升。乙平时懒散,遇事就躲,能推就推,维修技能也没得到提升。但甲和乙的绩效工资差异不大,长期下去,就会出现通常所说的"消极怠工""能者多劳"的现象。

通过对维修工单开的响应时间、维修时间建立维修工单台账，在此基础上进行大数据分析，对维修人员的工作量和工作技能进行考核，一举解决了消极怠工的问题。在大数据的应用下，这些考核简单易行。管理软件上线的公司，还出现维修人员抢单抢活干的大好局面。

活动 2：点检活动。

前文所述，士翌公司开发的智能点检系统依据设备的等级、点检标准与管理职责自动匹配人员点检任务，并将实时点检数据实时反馈给数据库。智能化的点检活动，既为设备的健康诊断提供了大数据支持，又提高了点检效率与效果。系统优化避免了人为失误，减少了员工的工作负荷，提升了员工的成就感。

活动 3：零故障竞赛活动。

按产线分专业（操作、电仪维护、机械维护）进行故障的责任界定，在此基础上建立零故障运行台账，通过大数据管理非常方便地将故障的产生点、产生点的责任、停机的时间与损失进行统计与分析,能识别出故障的频发点和责任专业。由于责任量化了,成果也就量化了,极大地提高了员工的责任感、主动性和创造性。如果我们开展零故障竞赛活动,更能起到锦上添花的效果。在移动互联时代,我们将这些数据每天推送到相关人员的手机上,让成果及时传播,激励效果更好,自主管理就成了水到渠成的事了。

2017年,当恒安(重庆)造纸公司一条造纸生产线实现457天零故障运行时,又实现新的突破,就像运动员拿到冠军,员工获得无与伦比的成就感、兴奋感,现场洋溢着满满的正能量。

案例四　设备运行数据库支持设计改善

设备运行数据,经过分析,可以识别出设备不合理设计,可以识别产线流程的不合理设计。这些信息可以反馈给设计部门,让新建设备与产线处于领先水平。

例如，我们根据能源消耗的对比，识别出改进设计清单。

（1）水力碎浆机设备构造改进。

（2）水力碎浆机配套减速机与电机改进。

（3）气罩风机选型改进。

（4）冲浆泵选型改进。

（5）真空泵选型改进。

……

在大数据的支持下，通过工程技术和精益管理技术的有机结合，其中，第1项和第2项改进实现节能27%，第3项实现节能63%，第4项实现节能11%，第5项实现节能37%。所有这些设备与工艺的协同改进，实现吨纸电耗由1100千瓦·时降低到610千瓦·时，降低了44.5%。

第十六章阅读导图

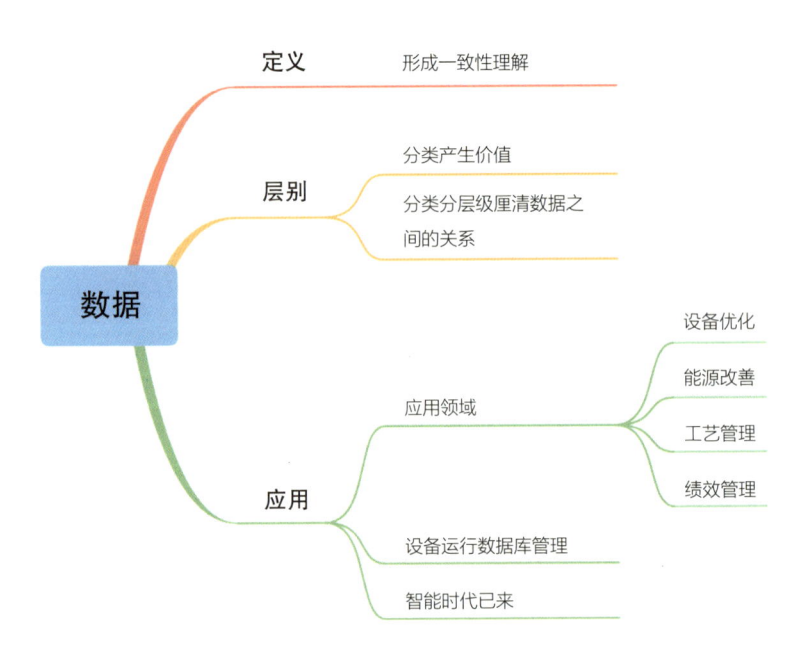

- 数据
  - 定义 — 形成一致性理解
  - 层别
    - 分类产生价值
    - 分类分层级厘清数据之间的关系
  - 应用
    - 应用领域
      - 设备优化
      - 能源改善
      - 工艺管理
      - 绩效管理
    - 设备运行数据库管理
    - 智能时代已来

第十七章

零故障与无忧制造

十几年来，我的设备运行管理转向追求零故障，我的生产管理追求无忧制造，并由此积累了一些经验。自2017年以来，本书的一些章节在《企业管理》杂志上进行了连载，引发了关于设备运行管理的一些讨论，这些讨论能深化对前文的探索与思考。

读者：设备零故障运行是一个可行的目标吗？

作者： 1988年，我参加工作不久，参观了国企安徽造纸总厂，当时，这家工厂颇具影响力，老一辈国家领导人曾到厂参观指导。工厂现场很好，窗明几净，无丝毫泄漏。一个造纸厂，不漏汽、不漏水、不漏浆，到今天，搁在世界任何一个地方，都会被赞赏。随后30多年，我亲身经历（主管）及参观世界各地的工厂，深刻感受到：工厂的现场千差万别，好的现场几乎一致，设备设施维护到极致，缺陷被及时消除，但维护到极致（无泄漏是极致的标志之一）的方法却不尽相同。

2005年，我是在一个偶然机遇下，被迫推进零故障运行，期间走过了许多弯路，总结到两个核心点：一是零故障是一个可行的好目标，它将倒逼我的"跳框思维"，跳出传统的思维模式，而且，实践证明零故障运行与无忧制造时代已来；二是当下实施零故障运行的方法不同于30年前的国有企业。当下设备制造的精度与智能化水平大幅提升，这是有利因素；员工的快速流动，这是不利因素。我们应根据当下的环境重新策划技术手段和职责分配。策划设备运行维护的技术手段，策划设备运行维护的过程及职责分配。为此，我创造性提出传统的"三修、三养""三好、四会"应与时俱进和被重新定义。

读者： 您提出"大修与我们渐行渐远，定修的概念应被扔进垃圾桶"，这可行吗？

作者： 我曾经在《企业管理》杂志上发表《你的设备还在进行定修吗》一文，提出"大修与我们渐行渐远，定修的概念应被扔进垃圾桶"。这既引起共鸣，又引起争论。一些TPM方面的专家对"定修的概念应被扔进垃圾桶"的观点不认同。同时，为了将"零故障运行管理体系（模型）"说清楚，促进了本书的诞生，算是作为共同讨论的回应。欢迎进一步争论，交流激发创新，争论启发我更全方位思考与深度思考。

读者：您的文章反映出您对 TPM 有不同的认知？

作者：这种说法不准确，我以为我的文章在澄清一些认知。我完全赞同 TPS 丰田管理思想与方法，TPM 是其核心方法之一。我的经验是引进 TPS 管理是对的，早引进、早受益，但其中 TPM 如何落地，不能"机械性落地"，而应"情境式落地"。所谓"情境式落地"就是回到 TPM 产生、发展和应用的历史状态中去理解这一管理思想体系和一系列管理方法，再根据企业产线、产品、员工结构、员工知识状态和流动性等因素，科学、合理地策划与实施具有企业自身特色的 TPM。

读者：要有 TPM 中国式的落地方法就好了，您能提供一些思考或帮助吗？

作者：TPM 在中国的一些企业实施十几年了，国内有许多管理咨询公司在帮助企业推动 TPM 方面取得了一些成果，特别是在"重视现场与改善"方面。"三现主义"与"持续改善"被普遍接受。TPM就是全员生产维护，我不主张"日本式""美国式""中国式"这种分类方法。我主管的事业部是全球性的，工厂遍布世界各地，2015年以来对其进行管理流程与职责重构，在全球各地工厂同步实施，取得的效果都是相同的。我主张"时代性"的落地方法，创造"与技术和人文环境"相适应的具有时代适应性的TPM。

不同国家、不同民族的人，实际上存在一些共性，如马斯洛需求层次论具有普适性，TPM"三现主义"与"持续改善"的价值观具有普适性，但其"八大支柱"不一定适合所有企业。"八大支柱"涉及职责分工，不同行业及不同员工特质的企业，采取相同的职责分配方式，难免出问题，这是我反复强调的地方，也是TPM水土不服的主要原因。

读者：您怎么评价中国设备管理现状？

作者：当下，设备管理现状参差不齐，一些国企、外资、少数民企，管理状态较好，局部智能，整体受控，建立了相对完整的设备运行管理体系。大多数企业设备管理停留在经验主义,处于依赖能人、强人的状态,没有建立必要的管理流程和作业标准,管理非常粗放,聚焦能修好、能用,而不是无忧无虑生产、零故障运行,甚至基本上没有这方面的概念与认知。设备及厂房等设施运行效率的损失非常大,隐性成本非常高,拖累了企业发展,削弱了产品竞争力。在互联网时代,产品为王,极致性价比会带给企业极致竞争力,粗放型的管理造成低效的产出,这是许多传统制造的硬伤。总体来看,设备制造技术与装备发展很快,如智能生产线、智能立体仓库、洋山港智能码头等,但是,对设备管理的研究与提升却相对滞后,重视不够,被固有思维捆绑,方法与手段没有与时俱进。

市面上有一些设备智能管理的软件有一些亮点,如智能点检、数据在线,但普遍存在两个问题。

一是软件开发停留在传统的设备管理认知的基础上,没有解决用户的痛点。你将不适宜的管理方法从线下搬到线上,花钱也解决不了用户的设备管理问题。

二是缺少算法。如设备运行参数的自动优化、润滑的油脂补给量和频次的自动优化、备品安全库存的自动优化等,以及各种预警。这些都是痛点。

读者:您怎么看设备管理的发展方向?能否给企业家和管理者一些建议?

作者: 竞争和技术会推动设备管理向智能方向发展,这是传统制造整合新技术与新管理实现转型升级的必然。对设备管理有重要影响的新技术有互联网与物联网、机器人、传感器、5G、大数据和云计算等。新管理是建立在精益思想上的零故障管理体系,以及这一体系的智能化整合,本书第一章至第十六章全面讨论与阐述了这种新管理模式。基于以上思考,给企业家和管理者提出三点建议。

一是站在当下看未来,站在未来看当下,需要对团队进行思想和方法再造。

二是卓越的管理是干出来的,需要投入时间与精力。智能制造与智能管理是需要花一些费用,但是,更重要的是花时间和精力去学习和研究新思想、新技术和新管理。

三是走向智能没有捷径，正确的路径是：重构→穿越→智造。重构，是思想重构，是管理体系与流程重构，是职能与职责重构。穿越，是思想穿越，是目标穿越，是现场穿越，是脱胎换骨式的重生。智造，是设备产线智能化和管理智能化的融合式发展到极度的少人化或无人化，逼近无人工厂。

读者：中国智造的状态如何？

作者：我没有做全面调查，不敢妄加论断，但我有一个基本判断——管理技术、自动控制和集成技术、IT技术、DT技术、传感技术、机器人技术、互联网技术、在线技术等迭代发展，在设备管理领域智能管理的条件已经具备，缺少的是整合性开发。

读者：整合性开发的难点在哪里？

作者：我们先看一下企业的痛点在哪儿，一些重视设备潜力开发的企业，在设备管理及智能管理方面做出了大量的有益探索，但存在三大痛点。

痛点之一是现有存量设备，数据采集先天不足，增加传感件与机器人，改造成本过高。

痛点之二是缺少有效的、适宜的管理体系，没有思想和体系，就没有相应的流程与标准，智能化就缺少根基。我在这里要强调的是设备管理体系不是有与没有的问题，而是结构是否严谨，体系是否完善、是否适宜、是否有效的问题。

痛点之三是ERP、CRM、MES、OMS等企业管理软件的源代码各异，连通数据投入高，运行效果差。

面对三大痛点，整合的难点是以企业总体需求为出发点进行开发（而不是以软件公司的专长为出发点开发一些专用软件），打通底层业务数据源（物联部分AI）与中层管理数据和顶层商业决策数据（BI），使之互联互通。既有企业内部的数据由底往高，从采集到互通，又有外部数据（譬如客户数据、行业数据等）互联互通。

从技术和元器件装备（含机器人）两个方面来看，条件已经具备，没有多大难度，难点在于软件公司缺少从线下到线上完整的管理与技术人才队伍，特别缺少管理架构师和软件架构师做整体设计。由于软件公司普遍缺管理人才，缺少管理顶层架构师，软件就缺少灵魂，缺少思想，不接地气。

作为企业，存在多方面的需求，这家软件公司解决这一小部分，另一家解决另一小部分，各部分之间相互独立，就像一个又一个的碎玻璃片，无法形成一个无缝的整体。企业自己主导整体性开发同样缺少各方面人才，特别是两类顶层设计架构师。企业想为自己量身定制，首先应解决内部运营管理顶层设计的问题，自己线下没有弄清晰，反而寄希望于运用软件系统，让软件公司解决。可惜的是多数软件公司都没有这方面的能力，包括国际大牌软件公司，因为这些不属于他们的业务范围。聪明的老板会组团解决问题，同时外协多家软件公司和管理咨询公司。这里，强调的是"同时"，便于协同，便于从整体出发进行协同。

第十七章阅读导图

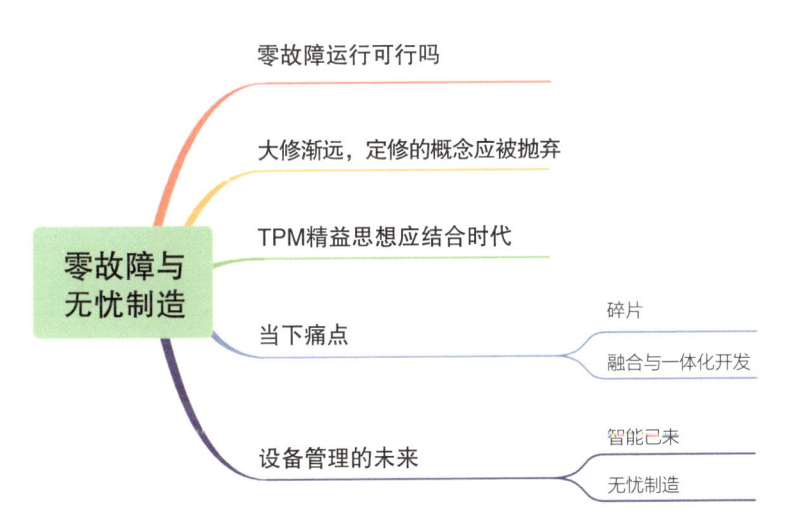

- **零故障与无忧制造**
  - 零故障运行可行吗
  - 大修渐远，定修的概念应被抛弃
  - TPM精益思想应结合时代
  - 当下痛点
    - 碎片
    - 融合与一体化开发
  - 设备管理的未来
    - 智能已来
    - 无忧制造

本篇小结

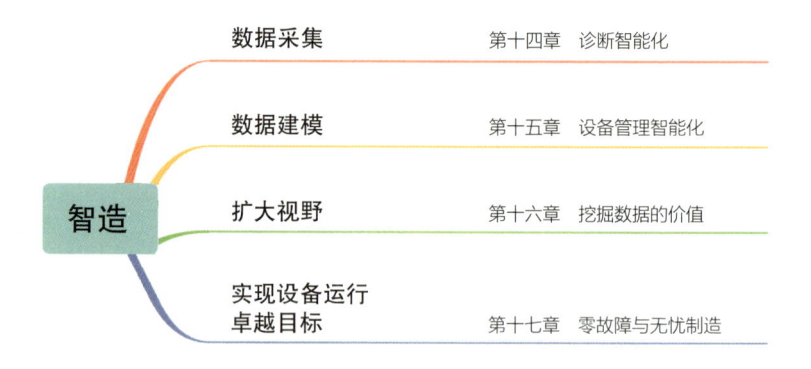

智造	数据采集	第十四章 诊断智能化
	数据建模	第十五章 设备管理智能化
	扩大视野	第十六章 挖掘数据的价值
	实现设备运行卓越目标	第十七章 零故障与无忧制造

（1）通过以上四个章节的讨论，我们理解了什么是智造，什么是设备智能，什么是智能管理，智能制造与智能管理为什么会逐步走向融合，这背后的内在联系是什么？是数据。智能化的本质是通过大数据的应用将不确定性转化为确定性。我们通过人工与智能的方法获取数据，通过 Wi-Fi、物联网与互联

网技术传输数据，还可以借助云计算帮助我们处理数据，识别潜在的问题，进而建立知识库，反过来又利用这些知识优化现场的管理与控制，这些都是通过IT技术与物联网等技术实现的。

（2）设备运行能否做到零故障，貌似是一个不确定性问题。我们通过点检与诊断技术获得大量的数据，这些数据通过以上技术帮助我们识别"看不见的缺陷"与"设备的劣化趋势"，能够实现对设备运行状态的精准诊断，将设备零故障运行中的不确定性问题变成了大概率确定性问题。

（3）企业的信息化与智能化建设应建立在标准化与精益化的基础之上。花钱购买自动化设备，可以直接产生价值，得到你想要的结果。但花钱购买信息化系统与智能化系统，不一定能得到想要的结果。如果你急于求成，你的购买行为可能就是一番折腾。

（4）花少量的费用，甚至不花任何费用，而是通过标准化与精益化的持续改善与创新，企业也有机会实现零故障运行。

（5）智能时代已来。当下，不缺技术，缺的是技术的整合性开发。软件开发的主体不应该仅是IT与DT专业公司，应用的主体——企业应参与进来，这有利于展开整合性开发，这种智造才会接地气。

后　　记
我心飞翔

　　平常工作比较忙，但我一直在享受学习与思考的乐趣。写作让我倍感充实与幸福。30年来，我一直在探索打造企业核心竞争力的手段和方法，积累了一些设备管理的成功经验，直到今年年三十夜才开始提笔写下这些学习思考与实践经验。

　　今天是周日，又是母亲节，苏州天气晴朗，窗外阳光明媚，初夏的阳光暖而不燥，我在回首春节7天长假埋头写作和书稿的内容，心，在蓝天上飞，飞越设备与产线乱象，在精益的路上狂奔。追求卓越让我们顺利走上持续改善与创新之路。当我和写作团队一起在总结与畅想智能管理与智能制造的过程中,一些模糊的概念逐渐清晰,并变成了画面式的行动地图与框架。原来,智能管理的内容植入系统(设备与产线)之后,智能制造就成为必然。当设备与产线具有人工智能之后,智能管理与智能制造走向深度融合,它就发展成智能智造。工业大数据能帮助我们将看得见的世界进行精准定义与测量,并通过这些看得见的数据去管理和预测"看不见的世界"。设备在运行过程中会因为各种因素形成劣化,进而产生缺陷,这些都是"看不见的世界"。我们通过创新诊断技术(这些技术包括人工点检与仪器自动诊断等)能够有效地开展预知监测,对"看不见的世界"开展有效的管理。我们颠覆了传统的定修理念,我们有信心说书中的一些成功经验与关于智能化的探讨,对传统制造企业运营管理转型升级是有帮助的。

我的心在飞。当将消费大数据与企业经营产生的工业大数据结合之后,我们就可实现C2B运营模式,一切都会顺理成章。

我的心在飞。在精益管理的推动下,当智能制造发展到一定程度的时候，定制化生产与柔性制造就近在眼前，我们的制造就会成为企业的核心竞争力。

我的心在飞。财力不够雄厚的企业，通过设备零故障管理模型和精益管理的推动，照样可以提升20%以上的OEE（设备综合效率）。你的企业在基本没有固定投入的前提下，实现20%以上的增加产出，意味着成本的大幅下降。"大幅"通常在10%以上，甚至30%或更多。

我的心在飞。如果你的企业不练内功，不夯实管理基础，不直接参与智造的整合性开发，而是直接去购买"智能"设备和"智能"管理软件，往往会事倍功半。尽管实现智能制造的过程需要一些投入，但是，你越过标准化与精益化两个管理发展阶段直接去做智能化，往往得不到你想要的结果。这一点非常重要。

我的心在飞。一路飞越，留在胸中的感激还是要说出来：

感谢创作伙伴张光信先生与傅鸿源先生，他俩参与全书构思和全部案例写作，对第三篇《智造》提供了专业支持。

感谢恒安集团山东生产公司副总经理李太山和仪电经理方永福（自动化专家），他们分享了在固定资产几乎零投入条件下实现零故障运行的成功经验。

感谢《从大数据到智能制造》的作者 Jay Lee（李杰）教授等，本书引用了他关于大数据应用方面的讨论。

感谢"百度百科"词条不知名的发布者，书中引用了关于"数据"的定义。

衷心感谢过去的老板和同事，是你们让我有机会去实践与探索设备管理。长久以来，我们一直共同前行！

最后，要感谢你的阅读与分享，让我们有机会在探索与推进设备管理智能化、实现互联网 +/× 的转变方面，为自己的组织和社会经济发展贡献一分力量。

祝天下所有的母亲健康、快乐！

李新久

2017 年 5 月 14 日母亲节于苏州

| 附录 1 |

格艾（苏州）管理咨询有限公司简介

格艾（苏州）管理咨询有限公司是由企业资深高管李新久先生联合长期在世界 500 强和中国 500 强企业任职的多位高层管理人士所创立的。公司致力于从系统的视角研究企业发展过程中的各种瓶颈，帮助追求卓越的企业提高流程与系统管理的能力，实现运营管理转型升级。

从人治走向法治：从经验式管理或碎片化的流程走向系统化与流程化管理，深刻的管理变革帮助企业管理转型。

从系统化走向智能化：从流程化走向信息化与智能化，流程与大数据融合帮助企业运营迈向智能时代。

企业使命

致力于帮助企业提升管理和盈利水平，实现基业长青。

企业信仰

爱管理，人才兴。

企业竞争，归根到底是人才和管理的竞争。

送人玫瑰，手留余香。

价值观

系统、创新、赋能、共享。

系统：格艾（苏州）管理咨询有限公司擅长从系统的角度研究个案问题，对个案问题提供系统的解决方案；擅长整合流程与大数据，帮助企业构建智能、高效的管理系统。

创新：既强调情境式理解管理经典，又重视立足当下环境，开展管理创新、商业模式创新；既重视管理经典传承，又关注管理创新。

赋能：教练式咨询辅导是格艾（苏州）管理咨询有限公司的主要工作方式，这种方式既为企业提供诊断式的咨询服务，更重视帮助企业提升流程能力、大数据能力、精益改善能力、教练型领导力，有效赋能。

共享：致力于建立相互启发、共同成长的学习交流平台，为企业家与经理人服务；我们建立"基本费用＋降本增效分红"收费机制，客户没有降本增效，我们不参与分红，恪守"共谋发展、共享红利"的原则。

业务模块

一、企业家顾问

作为企业家的外脑，用第三只眼帮助企业家洞察运营管理中存在的问题与规避发展风险，提供贴身服务，随呼随应，做好企业家观察问题的眼睛、攀登高峰的拐杖。

二、高管教练

帮助经理人走向成功，提供一对一服务，指点迷津，破解困局。

三、教练营

封闭式5天训练，建立学习、分享价值理念，系统掌握"教练—赋能"的领导艺术。

四、项目包

（1）标准化项目包。为期1～2年的手把手辅导，导入过程方法，帮助企业建立与优化标准化管理体系，提升管理团队的标准化能力，熟练掌握流程建模、管理、测评与改善的技巧，让标准化能力成为企业管理核心竞争力之一。格艾（苏州）管理咨询有限公司可以提供的标准化包如下：ISO 9001 质量管理体系、ISO 45001 职业健康与安全管理体系、ISO 14001 环境管理体系、GB 19580 卓越绩效管理体系，以及这些体系的整合与活化使用。

（2）精益化项目包。为期 2～3 年的现场辅导，帮助企业建立改善体系，建立改善机制与文化，实现持续的降本增效。格艾（苏州）管理咨询有限公司可以提供经典项目包如下：精益六西格玛、问题的识别与解决、TPM、价值流图析与流程改善、安全零事故管控模型等。

（3）设备零故障运行管理 ZTPM 智能项目包。为期 2～3 年，帮助团队重建心智模式，挑战极限，建立中西融合式 ZTPM 设备运行管理体系，实现设备 OEE 全面改善，深度挖掘第九大浪费（设备缺陷与故障造成的效率、成本、质量等方面的损失与浪费）。设备带缺陷运行是质量不良和成本偏高的背后隐因，设备故障是交付延迟的顽疾，设备缺陷与故障形成的浪费造成了"隐形工厂（第九大浪费）"。该项目包以结果

（零故障）为导向，线下辅导，线上建模运行，实现卓越设备运行智能管理，见效快，成效卓著。

（4）智能化项目包。为期2～3年，为企业量身定制数字制造，数字管理系统，帮助企业推动两化融合，多快好省迈向工业4.0。

（5）变革管理项目包。为期2～3年，帮助企业流程重组与革新，实现组织效率全面改善。帮助企业家与高管团队构建自我革新、自我变革的能力与机制。

（6）企业大学项目包。为期1～2年，帮助企业组建企业大学，建立自我学习的平台，建立学习型组织与文化，让企业人才辈出。

五、企业托管

委派1～3人担任企业运营高管，在企业团队基本稳定的情况下，以委派高管为载体，直接植入现代管理与系统解决方案。当企业运营管理转型成功与团队赋能完成之后，托管结束。

六、股权投资

对行业前景看好，企业家发展前景看好的企业，在相互认可的基础上进行股份合作，共同投资，共同发展。

七、外训课程包

主讲老师李新久的课程没有理论教条而又充满哲理，穿透纷呈杂乱细节拨云见雾，让人豁然开朗，十分实用。课堂呈现的是"案例+讨论"，收获的是"体验+感悟"。

变革管理系列

No.1：《企业经营管理转型升级的逻辑》。追求基业长青的企业，不断适应新环境，不断创新，不断变革，不断转型升级，厘清其逻辑，可以找到基业长青的路径。

No.2：《变革领导力》。变革是一个复杂的系统工程，变革成为管理的一项职能，变革管理成为常态化的管理活动，培养与提升变革领导力变得十分必要与十分迫切。每个企业有自身的特定情况，但遵循一些共同规律，在变化中找不变，用不变应对变化，通过外部问题寻找内部解决之道，有针对性地策划变革路径，这是本课程的目标。

No.3：《管理"变化"》。当下，技术革命极大增强了企业运营与发展的不确性，这些不确定性是变化的结果，管理"变化"成为企业家与高管面临的重大课题。本课程给予了管理"变化"与"不确性"的一些思考与方法。

卓越经理人系列

No.1：《系统管理》。系统是什么？管理的系统方法是什么？管理的系统方法是如何帮助经理人成长为 CEO 的？本课程将呈现面对管理的复杂性如何构建"结构化思维"的秘诀，帮助学员穿透过程方法。

No.2：《教练型领导力》。旧时代管理可以概括为"迎合＋恐吓",领导方式为"命令—控制"型,新时代呼唤"策划人＋教练＋受托人"新的管理方式与"教练—激励"型新的领导方式。本课程将让学员体验沉浸式教练技术的魔力,开启领导方式的转变。

No.3:《逻辑领导力》。为什么有人事倍功半,有人事半功倍?如何从职场小白成为高效的管理者?逻辑领导力可以转化为神奇的管理力量。

No.4:《麦肯锡与六西格玛问题解决法》。高级经理人需要解决属下不能解决的问题,寻找他人不知道的问题答案与解决方法。本课程从问题的识别到解决,演绎七步解决99.99%的问题,由浅入深、由繁至简。

No.5:《能力内化五步曲》。市面上有太多的管理思想与方法,看过之后或听过之后为什么没有内化为个人能力与组织能力,本课程给出了路径与方法。

No.6:《阿米巴》。阿米巴经营可以帮助企业改善运营管理,但是不正确的导入也可能带来混乱。本课程结合管理学经典与当下实践，帮助学员穿透阿米巴。

No.7：《组织效率》。组织效率低下的原因有很多，可以从"人、机（工艺流程）、（管理）流程"三个维度剖析，也可以从"高效会议组织、时间管理、思维可视化"等管理技术维度改善，本课程可为企业量身定制。

No.8：《超越"头脑风暴"》。对于头脑风暴，大家耳熟能详，为什么头脑风暴带来更多的是"点子"，而不是"解决方案"？《超越"头脑风暴"》将带给你答案。

No.9：《标准化力》。将重复的活动流程化与标准化，这是提高效率的基本方法与管理者应具备的基本技能。本课程将带你体验如何做到"不要考核员工的理解力"，建立超级标准化能力。

精益管理系列

No.1：《打破设备管理思维定式》。国内首创并成功推行设备零故障运行三步曲,从 5S 到微缺陷,从故障检修到预防维保,从精益 TPM 到智能管理,本课程帮助你逐步走向无忧生产模式,提升设备综合效率 OEE 20% 以上,降低维护费用 50% 以上。本课程将让你体会"方法铸造神奇"和"思路决定出路"。

No.2:《让清洁工也能参与改善》。本课程帮助你建立让清洁工也能参与改善的"体系+体制"。

No.3:《精益思想与朱兰三步曲》。一方面,质量是设计出来的,85% 的问题是由系统决定的;另一方面,质量是制造出来的,魔鬼藏在细节中。《精益思想与朱兰三步曲》将帮助你找到二者的解决方法。

No.4:《问题识别与解决》。问题解决的难点在意识与识别上,本课程将呈现逻辑化解决思路。

| 附录 2 |

创始人简介

李新久，格艾（苏州）管理咨询有限公司创始人，变革管理首席顾问。他有工科专业背景，31 年企业高层管理经验，曾服务于国有企业、上市公司和大型跨国公司，历任车间与厂办主任、经理、总经理、集团 COO 与 CEO。对复杂组织管理潜心研究，将学习与实践提炼成理论，著有《系统管理的力量：做一个卓有成效的管理者》（2015 年 11 月由北京大学出版社出版）、《破局：变革领导力》（2020 年 8 月由企业管理出版社出版）。他将过程方法与系统管理方法应用到企业运营管理的方方面面，用过程方法提高企业内部运营管理的效率与确定性，通过内部确定性来应对外部环境变化带来的企业运营管理发展的不确定性，用零故障系统管理模型消灭设备运行的隐形浪费

（第九大浪费）。他是企业的金牌高级内训师，他将企业管理中面对的问题及思考发表于《企业管理》杂志。他是《企业管理》杂志的专栏作家。迄今为止，其共发表管理文章40余篇。他是湖北工业大学外聘教授，中国管理科学研究院企业管理创新研究所学术委员。他是一位学术型的企业高管，流程与系统管理专家。

任恒安国际集团造纸运营分部总经理期间，李新久持续四年，每年节省、降低成本亿元以上。在担任大跨国公司首席运营官和全球造纸事业部CEO三年期间，李新久推动企业变革，在流程压扁与组织瘦身方面成效卓著，减员高达27.3%，降本增效累计达20多亿元，每年运营成本节省、降低高达23%以上，被评为该集团公司"2016年度全球最佳CEO"。他长期致力于学习型组织建设，推动"命令—控制"式管理向"教练—赋能"式的管理转变，推动"迎合＋恐吓"的领导方式向"策划人＋教练＋受托人"领导方式转变，推动员工与企业关系由雇用关系向合伙合作关系转变，他是变革管理专家。

李新久的邮箱是2110516730@qq.com。

参考文献

[1] 李杰,倪军,王安正. 从大数据到智能制造[M]. 刘宗长,整理. 上海:上海交通大学出版社,2016.

[2] 李新久. 系统管理的力量:做一个卓有成效的管理者[M]. 北京:北京大学出版社,2015.

[3] 曾鸣. 智能商业[M]. 北京:中信出版社,2018.